Coordinadores:

Elena Hernández Hernández
Pablo Caballero Blanco
Marta García Tascón
Jesús Morenas Martín

NUEVOS RETOS PARA LAS EMPRESAS DE TURISMO ACTIVO

WANCEULEN
EDITORIAL DEPORTIVA

Título: NUEVOS RETOS PARA LAS EMPRESAS DE TURISMO ACTIVO

Coordinadores: Elena Hernández Hernández; Pablo Caballero Blanco; Marta García Tascón; Jesús Morenas Martín

Editorial: WANCEULEN EDITORIAL DEPORTIVA, S.L.
            C/ Cristo del Desamparo y Abandono, 56 41006 SEVILLA
            Tlfs 954656661 y 954920298
            www.wanceulen.com   infoeditorial@wanceulen.com

ISBN: 978-84-9993-306-1

Dep. Legal: SE 911-2013
©Copyright: WANCEULEN EDITORIAL DEPORTIVA, S.L.
Primera Edición: Año 2013
Impreso en España: Publidisa

ÍNDICE

CAPÍTULO 1.
DEPORTES DE NATURALEZA Y REESTRUCTURACIÓN RURAL

Prof. Dr. David Moscoso
Facultad del deporte
Universidad Pablo de Olavide de Sevilla

1. INTRODUCCIÓN

Si bien el interés por el mundo rural ha sido siempre una constante, el sentido de esta preocupación ha cambiado en las dos últimas décadas. En el ámbito de la opinión pública se aprecia hoy un proceso nuevo de ruralización, distinto del tradicional interés por el mundo rural, percibido antaño como aislado y distante y que era identificado casi exclusivamente con la actividad agraria y la cultura campesina. Fuentes de reconocida solvencia, el Agrobarómetro de Andalucía (IESA, 2005), corroboran este cambio de actitud de la opinión pública respecto al mundo rural. Concretamente, los datos proporcionados por la citada encuesta señalan que tres de cada cuatro andaluces se interesan por el mundo rural, pero casi la mitad no lo identifica ya con la agricultura, sino con el paisaje, el medio ambiente, el ocio, el aire puro o la vida sana, proporción aún mayor en los estratos de población más joven y niveles de estudios más elevados .

Paralelamente, los problemas relacionados con las zonas rurales se han ido incorporando al ámbito político en un proceso similar de nueva ruralización, siendo tratados ahora como problemas diferentes de los tradicionalmente relacionados con la agricultura. La creación de departamentos de desarrollo rural en la Administración Pública o la aprobación de leyes nacionales o regionales y de reglamentos europeos denominados de ese modo, para distinguirlos de las normativas propias de la política agraria, ponen de manifiesto la ola de ruralización antes mencionada que ha predominado en los años precedentes.

Sin embargo, ese avance de la conciencia social y política por lo que ocurre en el mundo rural no se ha visto hasta reflejado hasta los últimos años en la consolidación de una política europea de desarrollo rural, autónoma y diferenciada de la PAC (Política Agraria Común). Lo que ha habido son acciones de tipo experimental, limitadas a ámbitos territoriales específicos y adoptadas como iniciativas de la propia Comisión Europea, que las financia con cargo a su propio presupuesto —como ha ocurrido con las iniciativas Leader, que ahora se encuentran en su tercera fase de ejecución (Fase Leader Plus) —, o bien como programas operativos dentro de planes de desarrollo regional —tal como ocurre con los llamados programas Proder. Junto a esas acciones se han puesto en marcha programas europeos (como Equal o Interreg) que, sin el apelativo "desarrollo rural", han tenido efectos evidentes sobre la equidad y la cohesión social y territorial de las zonas rurales. Lo mismo ha ocurrido con los programas destinados a la gestión de los espacios naturales protegidos, algunos de ellos verdaderos programas de desarrollo sostenible, con efectos indudables sobre las comunidades rurales circundantes. Por último, no hay que olvidar las iniciativas de desarrollo que, sin el amparo de programas públicos, han tenido éxitos notables en algunas zonas rurales, gracias al liderazgo de la clase política local y a la cultura emprendedora de la sociedad civil.

En este trabajo se analizan algunos rasgos de las políticas de desarrollo rural, con los cuales se trata de identificar las oportunidades que, en el escenario vivido en los últimos años, han encontrado gracias a aquéllas los espacios rurales para el desarrollo de sus pueblos a través de los deportes de naturaleza.

2. BREVE APROXIMACIÓN A LAS POLÍTICAS DE DESARROLLO RURAL

2.1. Contexto social y político

La adopción de las primeras iniciativas de desarrollo rural, a principios de los años noventa, respondía al cambio de filosofía introducida en el discurso de la Comisión Europea a raíz de la publicación del "Informe sobre el Futuro del Mundo Rural" (1988), cambio que venía a situar un contrapunto en los intensos debates desarrollados por aquellos años sobre la necesidad de recortar el gasto agrícola, modificar los mecanismos de protección basados en la política de precios y abordar una reforma en profundidad de la PAC. Lejos de las preocupaciones de tipo más coyuntural que rodeaban a la reforma de la PAC, como eran las de un presupuesto descontrolado y unos excedentes agrícolas desorbitados, el citado Informe hacía un análisis reposado sobre los problemas del mundo rural en el marco de las sociedades industriales avanzadas, procurando recoger los cambios que se estaban ya dando en la opinión pública europea y que demandaban un nuevo modelo de desarrollo.

Las reformas de algunas Organizaciones Comunes de Mercados (OCMs) de gran importancia para muchas regiones rurales europeas —como las del aceite de oliva, el vino, el azúcar, el algodón o el sector hortofrutícola— han venido introduciendo igualmente elementos adicionales de incertidumbre en el desarrollo económico de las zonas rurales, lo que explica que cada vez se fuera abriendo paso a la idea de que su futuro debiera plantearse desde perspectivas más amplias que las meramente relacionadas con la actividad agraria. Así, por ejemplo, la presión ejercida contra la UE desde el GATT, a fin de reducir el nivel de protección aplicado a la producción agrícola, dio lugar a sendos debates en el seno de esta organización, a través de una ronda de negociaciones que duraría siete años (la Ronda Uruguay), la cual desembocó en un conjunto de nuevas medidas adoptadas por la UE para cambiar el sentido y la funcionalidad del campo. Fue eso lo que, entre otras cosas, llevó a la necesidad en Europa, por decirlo de alguna manera, de reinventar el mundo rural (Moscoso, 2010).

2.2. Nuevas orientaciones de las políticas de desarrollo rural

En este contexto emergen las políticas públicas de desarrollo rural, políticas que se han planteado de acuerdo con lógicas diferentes a las que han venido inspirando hasta ahora las políticas agrarias. La política de desarrollo rural ha venido siendo así una política diferenciada de la PAC, integrando de manera global los problemas del mundo rural y respondiendo a las nuevas demandas de una sociedad como la europea, que, al haber alcanzado la autosuficiencia alimentaria y unos niveles elevados de bienestar, se ha planteado en los últimos años cómo hacer viable la continuidad del modelo equilibrado entre campo y ciudad, que ha sido uno de los grandes patrimonios de la cultura europea y uno de los elementos básicos de su cohesión social. Las actuales orientaciones de la política de desarrollo rural tienden precisamente a evitar que los efectos no queridos del mercado acaben por romper ese equilibrio territorial, y para ello pretenden ser un instrumento para dinamizar las iniciativas económicas y garantizar la equidad en las zonas menos favorecidas. Son políticas que integran todo el conjunto de actuaciones que puedan contribuir a generar actividades económicas en el medio rural y mejorar la calidad de vida de su población. Sus orientaciones se incardinan en una concepción integral y dinámica del desarrollo, donde el territorio, el paisaje, el medio ambiente, la economía productiva y las actividades recreativas y de ocio no son compartimentos estancos, sino partes de un todo interdependiente. En este sentido, en el marco de esas nuevas orientaciones del desarrollo rural se plantea combinar acciones en distintos ámbitos:

-La dinamización de la población rural (induciendo capital social mediante fórmulas cooperativas);

-La cohesión social y territorial (aprovechando el potencial de programas del estilo del Equal o del Interreg, así como impulsando el trabajo en red entre comarcas);

-La formación y cualificación profesional (orientada a nuevos perfiles formativos para responder a las exigencias de la sociedad del conocimiento, pero también a la renovación de viejos oficios y actividades en claro peligro de extinción por falta de relevo generacional);

-La preservación del patrimonio cultural (entendiéndolo como una mezcla armónica de paisaje, arquitectura, artesanía, folklore y gastronomía);

-La agricultura (especialmente de las pequeñas explotaciones agrarias, según criterios de sostenibilidad y en sintonía con el principio de la multifuncionalidad);

-La industrialización rural (fomentando las pequeñas industrias y promoviendo el aprovechamiento de las fuentes de energía renovable);

-El medio ambiente (buscando un adecuado equilibrio entre la lógica de conservación y la de explotación productiva de los recursos naturales, incluyendo los vinculados al sector forestal) y el turismo rural (según una concepción integral de la oferta turística).

3. EL DEPORTE COMO ELEMENTO DE DESARROLLO DEL MUNDO RURAL

Andalucía, como otras regiones europeas, ha tenido oportunidad de experimentar en las últimas décadas diversas fórmulas para el desarrollo del mundo rural —lo que incluye a los espacios naturales protegidos, sobre todo desde la incorporación del Plan NATURA en el segundo de los ejes del nuevo reglamento FEADER, ya que éstos adquirieron más protagonismo—, fórmulas que, como la iniciativa Leader y el programa Proder, han tenido gran incidencia en la sociedad rural, una sociedad en profunda transformación.

En este contexto de cambios se ha dibujado en los últimos años una nueva estructura de oportunidades en la que muchas de las actividades productivas desarrolladas tradicionalmente (la agricultura, la ganadería y la pesca) perdieron peso —en términos productivos, pero no en términos de importancia económica— en beneficio de otras actividades, ya sean ligadas a las políticas de bienestar o al sector servicios. En el soporte que constituye esta nueva estructura de oportunidades se formulan políticas diversas, bien para potenciar nuevas orientaciones de la agricultura (por ejemplo, la agricultura ecológica, la producción integrada o la agricultura de conservación), bien para reactivar antiguas actividades que se habían ido perdiendo (como, por ejemplo, la apicultura o la silvicultura), o bien para desarrollar otros sectores y actividades, no sólo económicas, sino también de carácter social y cultural (como los deportes de aventura), en coherencia con el eje III del Reglamento ("mejorar las condiciones de vida de la población rural").

En consonancia con el objetivo de este capítulo, el análisis se centra exclusivamente en aquellas políticas que hacen uso de los deportes de aventura como actividad potencialmente favorable para el desarrollo del mundo rural. Dicho análisis exige plantear dos matizaciones previas.

En primer lugar, hemos de concebir la relación entre deporte y desarrollo rural tanto en términos económicos —por cuanto partimos de la base que determinadas actividades deportivas (por ejemplo, el turismo activo o el deporte recreativo en el medio rural y los espacios naturales) contribuyen a la creación de empleo en las zonas rurales—, como en términos de mejora de la calidad de vida de la población (sea autóctona o de procedencia urbana) —por cuanto consideramos que las actividades deportivas satisfacen las demandas de ocio y tiempo libre de la gente de la ciudad, e influyen positivamente en la dinamización social de las comunidades rurales, fundamentalmente las situadas en las áreas de montaña y los espacios naturales protegidos.

En segundo lugar, y en relación con lo anterior, hemos de entender la contribución del deporte al desarrollo del mundo rural en conjunción con dos elementos. El primero es la idea de que la función del deporte como factor de desarrollo en las zonas rurales se da paralelamente a la expansión del turismo rural, con lo cual adquiere interés como actividad de turismo deportivo. El segundo elemento es el hecho de que esta contribución del deporte al desarrollo rural se sustenta sobre la base de un espacio (el medio ambiente natural, que no exclusivamente los espacios naturales protegidos) donde se realizan estas actividades en cualquiera de sus posibles modalidades (recreativa, turística, de salud, etc.). Por tanto, ambos elementos, la actividad turística y el medio natural, se encuentran en estrecha relación con el deporte a la hora de analizar éste como factor de desarrollo de las zonas rurales, como ponen de manifiesto el gráfico 1 y la tabla 1.

Practica deporte, ¿Qué tipo de deporte practica?	¿Ha visitado algún espacio natural protegido?	
	Sí	No
Paseos a pie	22,7	28,0
Senderismo	21,1	5,9
Footing / Atletismo	9,4	9,9
Gimnasia (aparatos, aeróbic...)	4,4	8,6
Nadar / Natación	21,5	23,4
Hacer Windsurf	3,0	1,8
Otros deportes náuticos	10,4	6,1
Fútbol	13,1	14,2
Otros deportes de balón (baloncesto, voleyball)	5,9	6,7
Tenis / Otros deportes de raqueta	13,1	13,1
Paseos en bicicleta	10,3	7,1
Caza / Pesca	2,1	2,2
Equitación, paseos a caballo	2,6	1,5
Esquiar u otros deportes de nieve	2,9	2,1
Jugar al golf	1,8	0,5
Deportes de aventura (alpinismo, escalada, parapente...)	6,4	0,6
Otros deportes	4,2	4,0

Gráfico 1. Estadística de visitantes a Parques Nacionales Españoles
Fuente: INE (2011)

Con todo, se confirma así que cuando las actividades deportivas se difunden y desarrollan en el marco de otras actividades de carácter económico (como, por ejemplo, el turismo que se da en el medio natural y rural), el deporte contribuye a la generación de empleo, al incremento del nivel de renta y a la mejora de las condiciones de trabajo y la calidad de vida de la población rural. Esto es posible gracias a que el deporte despliega su potencial como factor de desarrollo en diversos ejes estratégicos (movilización social y cultural de la población, modernización y diversificación de las actividades económicas y equidad territorial).

Practica deporte, ¿Qué tipo de deporte practica?	¿Ha visitado algún espacio natural protegido?	
	Sí	No
Paseos a pie	22,7	28,0
Senderismo	21,1	5,9
Footing / Atletismo	9,4	9,9
Gimnasia (aparatos, aeróbic...)	4,4	8,6
Nadar / Natación	21,5	23,4
Hacer Windsurf	3,0	1,8
Otros deportes náuticos	10,4	6,1
Fútbol	13,1	14,2
Otros deportes de balón (baloncesto, voleyball)	5,9	6,7
Tenis / Otros deportes de raqueta	13,1	13,1
Paseos en bicicleta	10,3	7,1
Caza / Pesca	2,1	2,2
Equitación, paseos a caballo	2,6	1,5
Esquiar u otros deportes de nieve	2,9	2,1
Jugar al golf	1,8	0,5
Deportes de aventura (alpinismo, escalada, parapente...)	6,4	0,6
Otros deportes	4,2	4,0

Tabla 1. Relación entre la práctica deportiva y la visita a espacios naturales protegidos. Fuente: IESA Estudios 0606 (2006)

• Movilización social y cultural de la población rural. El deporte hace afluir a muchas zonas rurales personas foráneas (los deportistas y turistas deportivos), cuya presencia permite reducir el ambiente de soledad, aislamiento y abandono que ha caracterizado tradicionalmente a estos lugares, e incluso ayuda a frenar la despoblación. Además, revitaliza las relaciones sociales, contribuyendo a aumentar el sentimiento de bienestar general de la población rural.

• Diversificación y modernización de las actividades económicas. El hecho de que los espacios rurales despierten un inusitado interés para la práctica de determinadas actividades deportivas permite la aparición en estas zonas de empresas de turismo rural y turismo activo, así como la expansión de otras empresas de servicios en sectores como la hostelería, la alimentación y los comercios de souvenir.

• Equidad territorial. Los deportes de naturaleza y el turismo activo también pueden contribuir a la equidad territorial, ya que la demanda creciente de estas actividades insta a las administraciones públicas a dotar de mejores infraestructuras de comunicación y servicios a los municipios de los principales espacios de atracción. Además, este tipo de actividades favorece a menudo la puesta en marcha de líneas y estrategias de actuación con carácter interadministrativo, lo que motiva la inversión de más recursos en la zona. Asimismo, pueden ayudar a consolidar la identidad y la cooperación territorial.

En España, la incidencia de estos ejes puede constatarse en muchos pueblos, sobre todo en áreas de montaña, destacando, entre otros, los de los valles de Benasque (en el Pirineo aragonés), Liébana (en Picos de Europa) y Poqueira (en Las Alpujarras, Sierra Nevada), donde la población residente se ha multiplicado y la actividad económica se ha terciarizado, experimentándose una especialización orientada al turismo de nieve y montaña —algo que ha podido comprobarse en un trabajo publicado a comienzos del 2000 (Moscoso, 2002). En un informe publicado por el Consejo Económico y Social de Aragón (Aproximación al estudio de la industria del ocio en Aragón, PRAMES, 1998) se indicaba que "la relevancia de este tipo de turismo estriba en el fuerte potencial de arrastre sobre otros sectores (comercios, obras públicas), constituyendo el núcleo de desarrollo económico en numerosas zonas y valles aragoneses". Precisamente, en esta región, la Asociación Aragonesa de Empresas de Turismo Deportivo (TDA) publicaba en 2001 un informe en el que se estimaba que la facturación de las empresas de turismo activo en Aragón era de 5 millones de euros anuales —en 1998 suponía casi la mitad, unos 3 millones de euros—, contando con alrededor de 250.000 clientes.

No conviene olvidar, sin embargo, que esa estructura de oportunidades que ayudan a la difusión de los deportes de naturaleza en el marco de la reestructuración económico-social de las áreas rurales puede igualmente convertirse en un obstáculo para el desarrollo de estas zonas, si no se sabe gestionar adecuadamente.

Esta advertencia significa que el deporte, si no se desarrolla con criterios de sostenibilidad y carácter integrado y participativo, puede generar aún mayores conflictos y desajustes socioeconómicos entre la población rural.

• En relación a la movilización social y cultural de la población rural, el desarrollo incontrolado de actividades deportivas en el medio rural puede generar malestar entre las personas que trabajan en otros sectores (como la agricultura y la ganadería), debido al impacto que estas actividades provoca sobre el medio natural y las explotaciones agrícolas y ganaderas. Igualmente, una excesiva masificación de estas zonas puede provocar el malestar de la población residente, pues surgen dificultades para el desarrollo normal de sus actividades cotidianas, e incluso les puede suponer un incremento de su coste de vida. Los datos de una investigación doctoral realizada entre 2004 y 2008 (Moscoso, 2010) así lo ponen de manifiesto, como evidencian los siguientes fragmentos de grupos de discusión.

GD-3(3)   Debería haber desmasificación, es decir, que no sea que todo el mundo de una zona vaya al mismo sitio, que es lo que pasa muchas veces

GD-3(4)   Hay pueblos en los que ves que la gente está muy volcada y está muy a gusto con que tú vayas de afuera a conocer su pueblo y a andar por su tierra y te explican y te indican. Y luego hay otros pueblos en los que no ves ese gesto de la gente, no sé si porque a lo mejor ha habido más avalancha de gente, porque tengan rutas más turísticas, quizá causado por esa avalancha de tanta gente, donde te encuentras ya los caminos sucios. Entonces, ves las señales de senderos que las han quitado, no sabemos si la misma gente del pueblo, porque no quieren que te metas por allí

GD-3(5)   Todo depende de cómo le haya ido. Hay gente dentro del pueblo le ha ido bien con el turismo y te trata estupendamente, y luego hay gente que sienten el turismo con recelo

Para que nos hagamos una idea, en España alrededor del 80% de los practicantes de deportes de naturaleza residen en municipios mayores de 10.000 habitantes, por lo que la mayoría de estos practicantes (el 80%) viajan de las ciudades y los pueblos medianos a estas zonas (ver gráfico 2); aunque bien es cierto que los datos existentes hasta ahora no nos permiten adquirir conciencia de la enorme dimensión de este fenómeno en nuestro país, por lo que deberíamos hacernos una idea a partir de los obtenidos en otras zonas, como, por ejemplo, el municipio de Chamonix (Francia), ubicado en los Alpes, al pie del Mont Blanc, que, contando con una población residente de 10.000 habitantes, durante el verano alberga a unos 125.000 turistas por día, y el número de personas que practican diariamente algún tipo de deportes de naturaleza por sus alrededores supera las 20.000.

La práctica de los deportes de naturaleza y el turismo activo también puede incidir negativamente sobre la diversificación de las actividades económicas, si no se adoptan las medidas necesarias para que la población autóctona sea la principal beneficiaria en la creación de empresas asociadas a este tipo de actividades. En efecto, la mayor parte de estas empresas ubicadas en las zonas rurales son creadas y gestionadas por personas procedentes de las medianas y grandes ciudades, y emplean a personal no residente en estos municipios, debido a la falta de cualificación en estas profesiones entre los jóvenes rurales. Esto igualmente crea desajustes socioeconómicos y, por tanto, malestar y recelos entre la población rural ante estos nuevos empresarios.

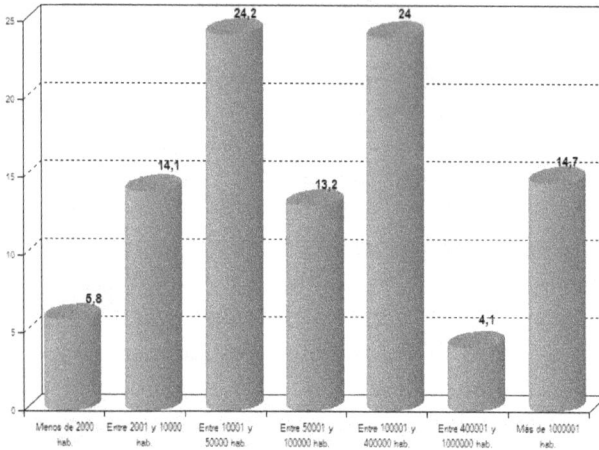

Gráfico 2. Personas que practican deportes de naturaleza, según tamaño de hábitat. Fuente: CIS Estudio 2833 (2010). Fuente: INE (2011)

GD-2(1) La única empresa que hay aquí es la nuestra, y yo soy de Huelva y mi socio es de Trevélez. Después los demás que han venido han estado la del parapente de Carlos, que se fue. Rafa Belmonte, que es de Madrid y montó los caballos. Dala, que es inglesa, que lleva aquí cuarenta años, pero siguen aquí y están muy bien establecidos (Grupo de Discusión, Barranco de Poqueira, Sierra Nevada, 2007)

E-5 Existe una especie de actitud persecutoria contra nosotros desde que creamos la empresa y nos instalamos en Zuheros. La gente nos ve como que venimos a quitarles el pan a sus hijos, cuando hacemos cosas que no hace nadie en este pueblo y ni siquiera existen personas cualificadas para ello. Nos hemos encontrado muchos obstáculos (Entrevista en Profundidad, Subbéticas Cordobesas, 2005).

• En lo que atañe a la equidad territorial, hemos de ser prudentes a la hora de pensar en las oportunidades reales que este tipo de prácticas deportivas ofrece para el desarrollo de las zonas rurales. No en todas las zonas rurales se dan las condiciones óptimas para promover medidas relacionadas con el deporte como elemento de desarrollo; no al menos en el sentido de desarrollo económico, aunque sí en el sentido de la mejora de las condiciones de vida de la población rural, al favorecer las relaciones sociales y la salud y el bienestar físico y psíquico. Además, hemos de entender que, en algunas ocasiones, esto puede dar lugar a la confrontación entre las propias administraciones públicas con competencias en asuntos a veces cruzados, como, por ejemplo, la conservación y protección del medio ambiente, el desarrollo del turismo como actividad estrictamente económica y la oferta de las actividades deportivas, tal como hemos demostrado en algún estudio realizado anteriormente (IESA, 2004; Moyano, Garrido y Moscoso, 2004).

Así las cosas, la experiencia ha demostrado que hay que ser muy prudentes en la consideración del deporte como factor de desarrollo y en su inclusión en las estrategias de desarrollo rural, ya que una excesiva masificación de deportistas y turistas deportivos en determinados espacios de gran sensibilidad ambiental puede provocar una mayor protección pública de estos espacios, hasta el punto de impedir la práctica del deporte en algunos lugares. A su vez, también se ha demostrado que una excesiva dejadez de parte de los poderes públicos ante este problema puede generar serios impactos ambientales, como por ejemplo la descompactación o erosión del suelo (debido a la aparición de numerosos senderos), la desnidificación de las aves de especial protección (al sentirse amenazadas por la presencia de numerosas personas) o el incremento de basuras en estos lugares y de vehículos circulando por las pistas forestales, significando todo ello una alteración de los ecosistemas que en estos medios suelen darse.

4. POLÍTICAS, MEDIDAS Y ACTUACIONES DE DESARROLLO LOCAL RURAL QUE HAN POTENCIADO LA DIFUSIÓN DE LOS DEPORTES DE NATURALEZA

Con las consideraciones realizadas, revisaremos sucintamente algunas de las principales políticas de desarrollo que ofrecen oportunidades para la materialización de actuaciones en materia de deportes de aventura. A su vez, también se tratarán brevemente otras políticas que, sin tener como objetivo específico el desarrollo del mundo rural, indirectamente sí que han podido contribuir a ello en el pasado.

Tal como se ha comentado, la nueva estructura de oportunidades que se ha venido dando en los últimos años en el mundo rural hace que las actuaciones en materia deportiva se desarrollen en estrecha relación con otras actuaciones en el ámbito del turismo rural y el medio ambiente. Así, podemos ver que muchas de las actuaciones en materia de deporte tienen que ver con actividades y eventos, dotación de equipamientos y creación de empresas, relacionados con los deportes de aventura o de naturaleza (Moyano y Moscoso, 2004; Moscoso, 2010), actividades éstas muy ligadas también al turismo rural (en su versión de turismo activo), y que se desarrollan en buena medida en los espacios naturales protegidos (ver gráfico 3). Asimismo, también observamos que muchas de las acciones que se desarrollan en materia medioambiental tienen alguna relación con el turismo rural y los deportes de aventura, al considerar que estas otras actividades pueden tener una incidencia importante en el desarrollo económico y la dinamización social de las poblaciones rurales. En parecidos términos se presentan las acciones relacionadas con el turismo, que se trata mayormente de un turismo que todos entendemos como rural y que para su desarrollo emplea todos los elementos patrimoniales (incluyendo el medio natural) y recreativos (incluyendo el deporte de aventura y naturaleza).

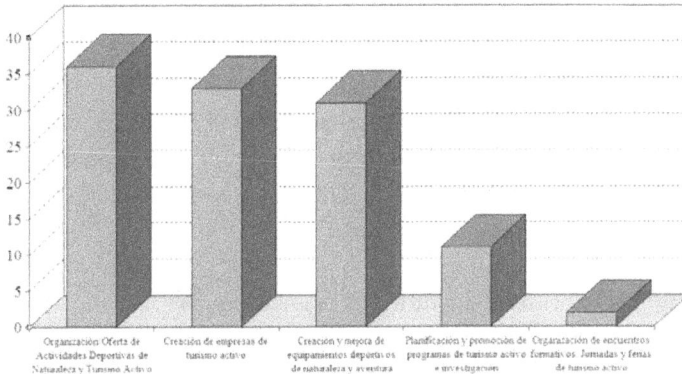

Gráfico 3. Tipologías de proyectos financiados en el marco de los programas Leader y Proder en Andalucía, relacionados con la promoción de los deportes de naturaleza y el turismo activo. Fuente: Consejería de Agricultura y Pesca, Junta de Andalucía, 2006.

En lo que concierne específicamente a los programas, medidas y actuaciones en materia de deporte que se dan en el marco del desarrollo rural, sólo se detectan experiencias concretas en programas que emergen en el propio ámbito del turismo (como el Plan PRODINTUR, en 1987, o el Plan SENDA, en 1999, en el caso andaluz) o en el del medio ambiente (como los planes Interreg, Life o Iter), y, sobre todo, en el marco de actuaciones de carácter transversal (tales como las iniciativas comunitarias Leader, Equal, Emplea y Adapt, u otras medidas locales). Por lo tanto, se presupone que no existe aún en el ámbito de la Administración Pública (ya sea comunitaria, nacional o regional) una percepción del deporte como instrumento fundamental para el desarrollo rural, más allá de las modalidades comerciales que ésta actividad inspira: el turismo activo. Por tanto, el problema es que la concepción del desarrollo que predomina en la mayoría de los programas de desarrollo rural, tal como hemos podido ver tras las distintas evaluaciones del programa Leader en Andalucía (Moscoso, 2004 y 2005), es una concepción economicista, que no considera entre sus prioridades otras dimensiones más relacionadas con la salud y el bienestar físico de la población.

Con estos presupuestos, analizaré una serie de programas, medidas y actuaciones (unas más específicas y otras más transversales), en las que el deporte, en combinación con el turismo, unas veces, y con el medio ambiente, otras, actúa en el desarrollo del mundo rural.

4.1 Algunas acciones de carácter específico

Comenzando por los programas, medidas y actuaciones más específicas, concretamente las que atañen al turismo —y más específicamente al turismo rural—, hemos de decir que existen antecedentes muy remotos, entre los que merecen ser destacados el Programa de Vacaciones en "Casas de Labranza" que puso en marcha la Agencia de Extensión Agraria en el año 1968 o, más tarde, en 1987, el Plan de Desarrollo Integral del Turismo Rural (PRODINTUR), aprobado por la Consejería de Industria y Comercio de la Junta de Andalucía, que constituyeron un punto de partida en el desarrollo del turismo rural en nuestro país y en Andalucía. También fue importante en el caso de Andalucía la aplicación del Plan de Desarrollo Integral del Turismo de Andalucía (Plan DIA), en 1994, que, sin estar directamente relacionado con el desarrollo rural y, por tanto, con el deporte como elemento de desarrollo del mundo rural, supuso en todo caso el primer y más contundente esfuerzo realizado hasta entonces por el gobierno de la región para fomentar la oferta turística de Andalucía. Este Plan fue importante porque promovía explícitamente el turismo que se desarrolla en zonas de interior. Otro Plan, el Plan SENDA (Desarrollo de un Sistema Turístico Sostenible y Competitivo Integrado en el Espacio Rural Andaluz, 1999), sí que contribuyó directamente a promocionar la actividad turística en el espacio rural andaluz con la filosofía propia del desarrollo rural y en él el deporte sí que ocupaba una posición más relevante, ya que el turismo activo y deportivo de naturaleza comenzaba a percibirse con gran interés en términos de actividad económica para las zonas rurales y el medio natural. Prueba de ello fue la Ley que, con este motivo, se impulsó para desarrollar específicamente esta actividad en Andalucía en el año 2002 (Decreto 20/2002, de Ordenación del Turismo en el Medio Rural y Turismo Activo).

En lo que respecta a los programas, medidas y actuaciones en materia de medio ambiente, en los cuales el deporte también encuentra oportunidades de potenciarse en beneficio del desarrollo de las zonas rurales y naturales, hemos de poner especial atención sobre las que se encuentran ligadas a la Ordenación de los Espacios Naturales Protegidos de Andalucía desde 1989, mediante distintas medidas de planificación y gestión de los mismos: Planes de Ordenación de los Recursos Naturales (PORN), Planes Rectores de Uso y Gestión (PRUG), Planes de Desarrollo Integrales (PDI), Planes de Fomento (PF) y, más recientemente, Planes de Desarrollo Sostenible (PDS), y las que se plantean en el marco del Pacto Andaluz por el Medio Ambiente y el Desarrollo Sostenible (Plan de Medio Ambiente de Andalucía, etc.) desde 1997. Este conjunto de planes y el Pacto implican una serie de medidas referidas a la conservación de los ecosistemas (vegetación, fauna, flora, etc.) que abundan en los espacios naturales que se ponen en protección. Por tanto, afecta, en distintos grados, a las actividades económicas y culturales que se han desarrollado tradicionalmente en esos espacios, en tanto que pretenden desarrollar otro tipo de actividades sustitutivas a las actividades tradicionales, que no dañen el medio ambiente, o complementarias a aquellas, y que contribuyan a su preservación, como por ejemplo el turismo rural y el turismo deportivo de naturaleza; que, en todo caso, deben estar reguladas adecuadamente, para que cumplan los criterios de sostenibilidad y enfoque integrado y participativo que se espera de ellos.

A partir de este tipo de Planes, y de los diagnósticos y valoraciones alcanzados, se han ido aplicando una serie de medidas que pretenden, precisamente, reducir los desajustes que puedan surgir a partir de la protección de los espacios naturales. Las principales líneas de actuación suelen ser las siguientes: valoración del medio natural como activo del desarrollo; puesta en valor del patrimonio cultural; fortalecimiento del sistema productivo local; cualificación de recursos humanos y fomento de I+D; mejora de las infraestructuras y equipamientos básicos; mejora de la gestión institucional del desarrollo, y fomento de la dinamización y participación social. Dichos objetivos se pretenden alcanzar por medio de iniciativas comunitarias, tales como los programas Adapt, Iter e Interreg —que dependen mayormente del Fondo Social Europeo (FSE)—, de los que se están aprovechando las poblaciones de estos espacios para desarrollar actividades de turismo rural y natural, deportes en la naturaleza y la educación medioambiental.

En lo que concierne concretamente al programa Iter, ése consiste, en palabras de Sendra (2001: 94), en crear una especie de "Camino de Santiago de la Naturaleza". Se trata de un proyecto que consiste en crear un itinerario de senderismo y recorrido en bicicleta de montaña y a caballo que, sin pisar en ningún momento el asfalto, recorre, siguiendo como trayecto la forma el símbolo infinito, todos los espacios naturales protegidos de Andalucía. Para el desarrollo de este proyecto se ha deslindado una gran cantidad de vías pecuarias de toda Andalucía, afectando a más de 35.000 kilómetros.

Por su parte, el citado programa Interreg consiste en un proyecto de carácter transnacional para compartir experiencias en el desarrollo de actividades turístico-deportivas en los espacios naturales protegidos. En este tipo de programas, un ejemplo representativo de las acciones aprobadas en Andalucía es la adecuación del Sendero SULAYR, con un recorrido de 340 kilómetros y que transcurre de manera circular por todo el entorno del Parque Nacional de Sierra Nevada.

4.2 Algunas acciones de carácter transversal

Existen otros programas, medidas y actuaciones más transversales, que se encuentran definidos por criterios distintos a los que caracterizan a las políticas recién tratadas. El objetivo último de éstas será el estricto desarrollo del mundo rural. No obstante, se diferenciarán entre sí porque las hay que intentan incidir específicamente sobre ciertas problemáticas del desarrollo y las hay que tratan el problema del desarrollo de manera global.

Comenzando por las políticas más globales, tenemos que referirnos de forma destacada a la citada Iniciativa Comunitaria de Desarrollo Rural LEADER, cuyas siglas significan "Relación de Actividades de Desarrollo de la Economía y la Sociedad Rural". La Iniciativa Comunitaria Leader tiene como documento de referencia el informe elaborado por la Comisión Europea "El Futuro del Mundo Rural" (Com 88/501 final). Como apunté ya al comienzo de este capítulo, en tal informe se deja explícita la preocupación de la UE por la situación que experimentaba el mundo rural. Si bien era incuestionable su preocupación por la crisis de la agricultura, no era menor su preocupación por la situación de los habitantes de los pueblos rurales, caracterizada por un fuerte envejecimiento, un importante éxodo de población y una grave pérdida de empleo. La Iniciativa Comunitaria Leader se aplicó en la primera fase (Leader I, 1991-1994) en aquellas regiones europeas incluidas en el Objetivo 1 ("regiones con retraso en el desarrollo") y el Objetivo 5b ("zonas rurales frágiles"). Se vieron implicados, en esta primera fase, 217 territorios rurales de toda Europa. Durante la segunda fase, en cambio, se vieron beneficiados más de 1.000 territorios.

Los objetivos más inmediatos del Leader son la articulación y ordenación de los territorios rurales, la capacitación de la población, la diversificación de la economía rural y la conservación del medio ambiente y el patrimonio cultural. Estos objetivos se persiguen a través de los principios fundamentales que guían la estrategia de la iniciativa: enfoque territorial y ascendente, presencia de grupos locales, carácter innovador de las acciones, enfoque integrado y multisectorial y trabajo en red y cooperación. Para hacer realidad los mismos, la Comisión Europea ha venido desarrollando desde el comienzo una política de cohesión económica y social integrada, concretada en el empleo de modo complementario de los distintos fondos estructurales europeos, a saber: FEDER (Fondo Europeo de Desarrollo Regional), FSE (Fondo Social Europeo) y FEOGA (Fondo

Europeo de Orientación y Garantía Agrícola, en su vertiente de Orientación).

En el seno de esta iniciativa, muchas de las acciones emprendidas desde las comarcas beneficiarias —a través de los Grupos de Acción Local o Grupos de Desarrollo Rural (GDR)— han estado relacionadas con el deporte, sobre todo en su versión de carácter recreativa y comercial (turismo activo y deportes de aventura y naturaleza), cuyo ejercicio se ejecuta al amparo de la medida 3 de la Iniciativa ("Recuperar, proteger y conservar el patrimonio rural y el medio ambiente; y abordar aquellas cuestiones que se traduzcan en la puesta en valor del patrimonio, del paisaje y de los recursos naturales").

Andalucía fue desde el comienzo de esta iniciativa una de las regiones beneficiarias, incluyendo en su aplicación a 50 comarcas. Además del programa Leader, como en otras regiones beneficiarias españolas, en Andalucía también actuó el programa complementario PRODER, constituyendo éste una ayuda especial de las Comunidades Autónomas a aquellas comarcas a las que no se les había asignado ninguna ayuda del Leader.

Pero el desarrollo rural no es sólo un conjunto de actuaciones promovidas desde las Administraciones Públicas con competencias históricas en el sector agrario, sino que supera los viejos roles de almacén de las ciudades, y debe contribuir igualmente a mantener el equilibrio territorial de la sociedad que integra. Los nuevos roles del mundo rural, además, llevan a éste a desear sentirse vivo y dinámico, para asumir la responsabilidad de mantener el medio ambiente y contribuir a su protección y, por último, a convertirse en espacio de ocio y esparcimiento para el desarrollo de actividades turísticas y deportivas (Giménez Guerrero, 1998:225 y ss.). Es decir, el desarrollo rural no deja de ser una expresión más del viejo paradigma del desarrollo en el sentido más local del término. Por ello, la Iniciativa Comunitaria Leader no deja de ser una fuerza más en este empeño por llevar el desarrollo a las zonas más desfavorecidas históricamente, los pueblos y las zonas rurales, si bien no es el único motor. En este sentido, otras fuerzas que han actuado con gran empuje en el desarrollo del mundo rural, en el caso de Andalucía, han sido la Red Andaluza de Escuelas de Empresas (Fundación Red Andaluza de Economía Social) y las Unidades Territoriales de Empleo, Desarrollo Local y Tecnológico (UTEDLTs - RAUTE) de Andalucía, pertenecientes ambos organismos a la Consejería de Innovación, Desarrollo Tecnológico y Empleo de la Junta de Andalucía. Con el fin de contribuir, como lo ha hecho la Iniciativa Comunitaria Leader, a diversificar las actividades económicas, y, además, favorecer el desempeño de estos nuevos roles, en los pueblos y las zonas rurales de Andalucía, tanto la Red Andaluza de Escuelas de Empresas como las UTEDLTs han apoyado numerosos proyectos de creación de empresas y dinamización de actividades y servicios deportivos.

Por último, nos queda concentrar la atención en este análisis sobre otras fuerzas que han incidido en el empleo del deporte como elemento de desarrollo rural, a saber: el papel de las Mancomunidades de Municipios, los Ayuntamientos, las Diputaciones Provinciales y la Consejería de Turismo, Comercio y Deporte. El papel ejercido en el desarrollo de estos sectores, por parte de las Administraciones Públicas locales, comarcales, provinciales y autonómica, presenta unos rasgos singulares, que les distingue de otras fuerzas contempladas hasta ahora sobre está cuestión, siempre en el marco del desarrollo local.

5. CONCLUSIONES

En este trabajo se ha tratado de mostrar lo más escuetamente posible cuál ha sido en los últimos años el contexto de cambios en el que ha estado inmerso el mundo rural y qué oportunidades ha proporcionado éste a la sociedad para lograr su desarrollo, en especial a través de las actividades que, de una u otra forma, tienen vinculación con los deportes de naturaleza y aventura.

Nadie duda hoy de las contribuciones del deporte en la mejora de las condiciones de vida de nuestras sociedades (Moscoso y Moyano, 2006; Moscoso, 2008 y 2010). Puede decirse que jugar con el deporte significa calidad de vida y, por tanto, desarrollo humano. Así, esta máxima debe tener presencia en cualquier política referida al desarrollo del mundo rural, máxime si consideramos otros valores añadidos que se desprenden de las actividades deportivas que se desarrollan en estos espacios, tales como la creación de empleo y renta, la dinamización de las sociedades aisladas o su carácter instrumental para el conocimiento de los valores de respeto y protección del medio ambiente.

Pese a todo ello, también hemos advertido sobre sus consecuencias negativas, en caso de no planificar adecuadamente las actividades deportivas que se desarrollan en las zonas rurales y los espacios naturales. Con lo cual, es importante advertir que el uso del deporte en las acciones que se llevan a cabo en las políticas de desarrollo rural debe hacerse de manera responsable, esto es, sostenible y con el carácter integrado y participativo que las caracteriza, para evitar los efectos negativos a que pueden dar lugar. En este sentido, hemos de tener en cuenta que, en relación con esta cuestión, el desarrollo del mundo rural debe huir de la lógica productivista anclada en el viejo paradigma del desarrollo (es decir, la búsqueda del beneficio económico de carácter tangible), lo que exige a todos los actores implicados (públicos y privados) considerar la calidad (y no la cantidad) como un criterio básico de la sostenibilidad.

Por último, tampoco debemos olvidar que, en el marco que hemos dibujado ante la potencialidad de los deportes de aventura como elemento del desarrollo rural, éste no ha de verse como una panacea capaz de resolver los problemas de las zonas rurales, aunque sí hay que valorarlo en su dimensión cultural y de salud, al mejorar las condiciones de vida (en un sentido físico y psíquico) de la población.

6. BIBLIOGRAFÍA

CIS (2010). Encuesta sobre los hábitos deportivos de los españoles 2010 (CIS, nº.2833). Madrid. Centro de Investigaciones Sociológicas.

GIMÉNEZ, Mª. (1998). Los aspectos socioeconómicos de los modelos y experiencias de desarrollo local en España y otros países europeos (tesis doctoral presentada en marzo de 1998). Córdoba. Escuela Técnica Superior de Ingenieros Agrónomos y de Montes, Dpto de Economía, Sociología y Política Agraria.

IESA (2005). Opinión Pública, Agricultura y Sociedad Rural en Andalucía. [Informe de Investigación, E-2005]. Córdoba. IESA.

IESA (2006). El comportamiento turístico de los Andaluces. Base de Datos (E-0606). Córdoba. IESA-CSIC.

MOSCOSO, D. (2002). La montaña y el hombre en los albores del siglo XXI. Un análisis sociológico sobre la situación del montañismo en España. Cuarte (Huesca). Barrabes.

MOSCOSO, D. (2004). Ser líder ante el Leader. Las dimensiones del desarrollo rural. Actualidad Leader. Revista de Desarrollo Rural, 25, 22-25.

MOSCOSO, D. (2005). Las dimensiones del desarrollo rural y su engranaje en los procesos de desarrollo comarcal de Andalucía. Revista de Estudios Regionales, 73, 141-164.

MOSCOSO, D. (2006). La contribución del deporte al desarrollo del mundo rural. Dinamizando a la sociedad a través del juego. Actualidad Leader. Revista de Desarrollo Rural, 33, 24-27.

MOSCOSO, D. (2010). Deporte, territorio y desarrollo rural en Andalucía. Madrid. Ministerio de Medio Ambiente y del Medio Rural y Marino.

MOYANO, E. y MOSCOSO, D. (2004). Situación actual y líneas estratégicas del desarrollo del turismo rural en la provincia de

Córdoba [informe de Investigación]. IESA (EC-0417). Córdoba. IESA-CSIC.

MOSCOSO, D. y MOYANO, E. (2006). Deporte y desarrollo rural. Málaga. Instituto Andaluz del Deporte.

MOSCOSO, D.; MOYANO, E.; y GARRIDO, F. (2004). Los campos conflictuales emergentes en torno a las prácticas deportivas, turísticas y medioambientales en los espacios naturales y las zonas rurales. Estudio de un caso. En A. Álvarez Sousa (coord.), Ocio, turismo y deporte en España. Santiago de Compostela. Edicións Tórculo y Universidade Da Coruña. 497-516.

PRAMES (1998). Aproximación al estudio de la industria del ocio en Aragón, Informe de Investigación Realizado para el Consejo Económico y Social de Aragón [Documento Inédito]. Zaragoza. PRAMES.

SENDRA, P. (2000). Desarrollo Rural y Desarrollo Sostenible. En I. LÓPEZ, A. GUTIÉRREZ y J. L. GUTIÉRREZ (Coords.). Actas del I Congreso Andaluz de Desarrollo Rural. Córdoba. UPA. 85-96.

CAPÍTULO 2.
GESTIÓN DEL RIESGO EN LAS ACTIVIDADES DE MONTAÑA Y DE AIRE LIBRE

D. Alberto Ayora Hirsch
Teniente coronel. Técnico en prevención de riesgos laborales.
Profesor en el Máster de derecho en los deportes de montaña

1. INTRODUCCIÓN

En la sociedad actual la seguridad se ha convertido en un valor fundamental y, en consecuencia, suelen resaltarse únicamente los aspectos negativos del riesgo, entendido como un potencial de pérdida, en detrimento de la concepción positiva del riesgo, por la cual cuando alguien se arriesga es con el fin de obtener algo que le pueda reportar un beneficio particular. Ello conlleva una concepción moral en nuestra sociedad, que estigmatiza a los que practican deportes de riesgo en general, que condena socialmente la exposición al riesgo, y en la que en caso de suceder un accidente, rápidamente se buscan culpables y se reclaman responsabilidades. Simplificando podemos afirmar que la identificación y el castigo de los transgresores forman parte de esa búsqueda de la seguridad en nuestra sociedad; al igual que podemos observar la creciente preocupación por la salud, y el mismo auge de las contrataciones de múltiples clases de seguros, claros exponentes de las soluciones finales que se adoptan en materia de seguridad y reducción de riesgos

La paradoja es que en este marco social, existe una clara demanda hacia las actividades al aire libre y los denominados deportes de riesgo, por lo que sus proveedores, que utilizan el medio natural con sus peligros inherentes, necesitan entender las expectativas de sus clientes y estar preparados para dar satisfacción a sus inquietudes. La seguridad de clientes y trabajadores, así como una adecuada y eficaz gestión de los riesgos, se han convertido en asignaturas principales y prioritarias.

El R.D. 1/2007, de 16 de noviembre, por el que se aprueba el texto refundido de la Ley General para la Defensa de los Consumidores y Usuarios y otras leyes complementarias, contempla en su artículo 11 el deber general de seguridad y especifica que "se consideran seguros los bienes o servicios que, en condiciones de uso normales o razonablemente previsibles, incluida su duración, no presenten riesgo alguno para la salud o seguridad de las personas, o únicamente los riesgos mínimos compatibles con el uso del bien o servicio y considerados admisibles dentro de un nivel elevado de protección de la salud y seguridad de las personas."

En cuanto a la protección de la seguridad y salud de los trabajadores quedan recogidos en la Ley 31/1995, de 8 de noviembre, de Prevención de Riesgos Laborales, reformada por la Ley 54/2003, de 12 de diciembre, que refuerza la obligación de integrar la prevención de riesgos en el sistema general de gestión de la empresa, tanto en el conjunto de sus actividades como en todos los niveles jerárquicos de la misma, a través de la implantación y aplicación de un plan de prevención de riesgos laborales. Igualmente, el R.D. 604/2006 que modifica el R.D. 39/1997 Reglamento de los Servicios de Prevención, dice que el Plan de prevención de riesgos laborales es la herramienta a través de la cual se integra la actividad preventiva de la empresa en su sistema general de gestión, y donde constarán la organización de la prevención, la evaluación de riesgos, las medidas de prevención incluidas la formación e información a los trabajadores, la vigilancia de la salud y la planificación de la actividad preventiva.

Intentar concretar esas condiciones de uso normales o razonablemente previsibles, aplicables en un entorno dinámico y de riesgo como es el medio natural, y que garanticen cierto grado de seguridad sin olvidarse del marco social y económico, que condiciona los diferentes sectores y actores implicados, no es tarea fácil.

Gráfico 1: Imagen donde se puede ver la incertidumbre del medio natural como pueden ser los factores climáticos.

2. SEGURIDAD FÍSICA Y JURÍDICA

La seguridad es un principio fundamental que debe perseguirse en todo momento para resguardar el bien más preciado que tenemos: la vida de las personas. La falta de medidas de seguridad adecuadas, pero sobre todo la carencia de una apropiada sensibilización y conciencia preventivas, se traducen en accidentes cuyas consecuencias son trágicamente evidentes. En un terreno abrupto, agreste, y cambiante como es la naturaleza, en el cual el riesgo cero no existe, y en donde por lo tanto no se conciben las actividades sin asumir un cierto grado de riesgo, plantearse un objetivo "cero accidentes" resulta a todas luces utópico. Por ello parece más práctico integrar en la planificación preventiva políticas actuales y realistas, así como desechar la idea engañosa de la seguridad total. Proporcionar el mayor grado de seguridad al

35

usuario, así como estar preparado para abordar todo tipo de accidentes en múltiples escenarios y condiciones, posibilitarán el responder a la situación de crisis que se plantee con eficacia y eficiencia.

Precisamente en el marco de esta época de crisis que estamos afrontando, estrategias y tácticas producto de una correcta Gestión del Riesgo cobran plena actualidad. El éxito en este proceso, que busca optimizar al máximo las medidas de prevención y estar preparado para afrontar la adversidad, a fin de conseguir el mayor grado de seguridad física y jurídica posibles, se consigue actuando con una visión sistémica en todos los sectores implicados, y debe basarse en un firme compromiso tanto por parte de administraciones, organismos e instituciones, como de empresarios y usuarios.

La realidad es que los deportes y actividades que podemos practicar en el medio natural en época estival o invernal, bien sea en nuestro tiempo de ocio o de manera profesional, en el seno de programas organizados o de forma voluntaria, exigen una especial planificación y cuidado. En la actualidad podemos contemplar el inicio de la andadura jurídica, de la mano de una incipiente regulación en turismo activo o en senderismo, por poner sólo unos ejemplos, y sin embargo un sector como el del esquí donde se registran millones de usos anuales, todavía está sin legislar. En ocasiones, el mandato legal para algunas de estas empresas resulta de difícil cumplimiento e implementación práctica, encontrándonos ante una "prevención de papel" donde los archivadores rebosan de carpetas rellenas con completísimas evaluaciones de riesgos diseñadas para espacios cerrados y otro tipo de actividades, que significan, ni más ni menos por desgracia, que probablemente se están cumpliendo todas las exigencias formales, pero... no se está gestionando la prevención.

La razón de este problema hay que buscarla en que a quien se acude mayoritariamente para cumplir la legislación vigente en materia de prevención de riesgos laborales (el 73,4% de las empresas según la V Encuesta Nacional de Condiciones de Trabajo de 2005) y al objeto de disponer de toda la documentación en regla, son los denominados Servicios de Prevención Ajeno (SPA); aunque, sin embargo, el hecho cierto es que mediante la simple contratación de un SPA no se consigue integrar la gestión de la prevención en la empresa, y más aún si no se conocen las particularidades del medio natural. Ya que en primer lugar, y de acuerdo con el Art. 31 de la Ley de Prevención de Riesgos Laborales, estos servicios de prevención ajenos deben estar en condiciones de asesorar y apoyar a las empresas con la que han contratado, asesoramiento que habrá de prestar en función, de los riesgos concretos que pueda presentar cada empresa. Por lo tanto todas esas obligaciones de medios (evaluación inicial, información, formación...) se ponen en manos del SPA, que difícilmente podrá asesorar a los trabajadores en materias en los que los mismos trabajadores tienen un conocimiento mayor. Al final un deber como el de formar o informar a sus trabajadores en materia de prevención tiene que ser asumido, con mayor o menor fortuna, por las propias empresas, y en el mejor de los casos por las federaciones o asociaciones que les puedan representar.

Gráfico 2: Imagen de preparación y revisión de materiales antes de iniciar la progresión por nieve.

Pero aún hay más elementos críticos en el sistema actual, ya que la Ley 31/95 introdujo la obligación para las empresas de una auditoría externa preventiva, un requisito legal ciertamente exigente, que no figura en la Directiva Marco y que ningún otro Estado miembro de la UE ha incorporado a su ordenamiento jurídico. Auditoría que de acuerdo con el R.D. 39/1997 Reglamento de los Servicios de Prevención no es obligatoria para todas las empresas, sino solamente para aquéllas que, total o parcialmente, asuman la organización de la prevención con medios propios.

La tragedia de Lyme Bay el 22 de marzo de 1993 en Gran Bretaña, a resultas de la cual fallecieron cuatro adolescentes ahogados al volcar sus canoas, tuvo unas consecuencias drásticas. Para empezar, se fundó la Adventure Activities Licensing Authority (AALA), un programa del Gobierno que, mediante inspecciones precisas y la concesión de las licencias correspondientes, se exige a todas aquellas empresas que deseen ofrecer sus servicios a menores de 18 años y que pretende garantizar que existan unas condiciones mínimas de seguridad. Las empresas proveedoras de este tipo de servicios pasaron a contar en definitiva con una estricta normativa de licencias y permisos, del mismo nivel que la requerida en las minas y centrales nucleares.

La tolerancia social fue el motor que desencadenó esta reacción aparentemente desorbitada, y debemos ser conscientes que en algunos sectores la tolerancia social es escasa. Mientras la sociedad acepta que un individuo realice cualquier actividad al aire libre bajo su propia responsabilidad y en caso de que se accidente tolera el hecho, esto no es así en el caso de los menores, que nos exigen un mayor deber de protección, o cuando el accidente acaece en un lugar que se considera erróneamente totalmente seguro, estaciones de esquí o barrancos, por ejemplo.

Necesitamos unos sistemas integrados que conlleven una implicación total por parte de las administraciones y que se materialicen, entre otras, en medidas específicas de asesoramiento y supervisión. Se trata de un camino que tímidamente acabamos de comenzar a intentar recorrer en nuestro país, en algunas CCAA en mayor medida que en otras, pero sin una unificación de criterios adecuada. El futuro exige la concienciación de las administraciones públicas y antes de que se produzca el inevitable y lamentable

"Lyme Bay case hispano", que obligue a prometer y a adoptar, tarde y deprisa, medidas que desde un principio deberían haberse tomado.

3. DEPORTES DE RIESGO

Ante esta situación es preciso plantearse hacia dónde queremos ir, ¿es necesario considerar estrictas regulaciones del rango que hemos anteriormente comentado? ¿Puede afirmarse tajantemente que nos encontramos ante actividades de "alto riesgo"? Los estudios que se conocen en este sentido, llegan a la conclusión de que las actividades al aire libre no están exentas de riesgo, que existen otras conductas más arriesgadas pero a las que sin embargo estamos más habituados, y que más bien son la influencia de los medios, la percepción del público y la tolerancia social, las que condicionadas por múltiples factores las categorizan como tales.

Un estudio llevado a cabo en Reino Unido sobre las excursiones realizadas por los colegios, reflejaba que desde 1985 a 2002 habían fallecido en actividades extraescolares 52 personas, incluyendo 17 fallecidos en los desplazamientos por carretera, 5 adultos fallecidos por diversas causas, 1 asesinado, 22 ahogados y sólo 17 practicando actividades de aventura. Lo que arroja una media aproximada de 1 víctima al año practicando este tipo de actividades, un total de 3 víctimas al año en excursiones extraescolares, y un índice de mortalidad de 1 por cada 8 millones de jornadas/hombre. Asimismo, el número total de víctimas fallecidas en el Reino Unido practicando todo tipo de deportes de aventura, tanto en actividades organizadas como por libre, osciló entre 130 y 180 por año. Sin embargo, pensemos por un momento que sólo por ahogamiento fallecieron 450, entre ellas cinco niños de edad inferior a 5 años...

Teniendo en cuenta estas cifras, y comparándolas con el total de muertes que anualmente se registran en el Reino Unido por obesidad (30.000), suicidio (6.000), accidentes de tráfico (3.500) o en el hogar (4.000), sin olvidar las debidas a enfermedades cardiovasculares, propongo un ejercicio de reflexión y tratar de considerar cuántas de ellas hubieran podido evitarse con el ejercicio físico, la práctica de los deportes de aventura y unos hábitos saludables. Seguramente es la otra dimensión que la sociedad no contempla, y es que como dice Marcus Bailie, Head of Inspection de AALA, en su análisis "Smoke without fire" las actividades de aventura son vistas como una parte del problema y no como parte de la solución. Suscribo totalmente esta opinión. A mi modo de ver, el contacto con el medio natural y la práctica regular de deportes de aventura constituyen un auténtico e insustituible outdoor coaching social, y en este mundo de crisis, los necesitamos aún más.

Gráfico 3.Ejemplo de preparación durante una prueba de Raid de aventura.

Los datos de las estadísticas nacionales inciden en la misma línea y confirman estas tendencias. Del informe del Ministerio de Sanidad sobre las causas de muerte en España en el periodo de 1981 a 2005, señalo a modo de ejemplo el número de fallecidos de promedio anual por suicidio que es de 3.500, el de fallecidos en accidente de tráfico que ronda los 5.000, de los cuales más de 2.000 son jóvenes de entre 15 y 34 años, y sólo por efectos adversos de los medicamentos contamos hasta unas 220 muertes. Apunto también el último informe DADO (2007), de detección de accidentes domésticos y de ocio, que otorga un 58% de los mismos a los ocasionados en el interior del hogar; y que a la práctica de deportes de equipo y con pelota, la señala como la principal causa de accidente asociada a actividades deportivas.

¿Es por lo tanto justa la reacción social ante estas cifras consideradas en su totalidad? Probablemente no. Pero tampoco hay que desvirtuar la realidad y lo cierto es que si consideramos el número de muertes en función de las horas de exposición al riesgo, el resultado es muy diferente. Según un estudio del European Transport Safety Council "Safer transport in Europe: Tools for decision-making" (Prof. Murray, 2000) el número de muertes por cada 100 millones de hora de actividad es el siguiente:

- Escalada (accidentes en pared) 4.000
- Motociclismo (incluidos los ciclomotores) 500
- Deportes aéreos (ala delta, parapente) 200
- Esquí (incluye esquí de montaña) ± 130
- Ciclismo 90
- Montañismo ± 45
- Deportes de motor 40
- Transporte aéreo 37
- Transporte por carretera 30
- Peatones 30
- Náutica / vela 20
- Natación 12
- Viajes en ferry 10.5
- Equitación 10
- Autobuses de pasajeros 2
- Transporte por ferrocarril 2
- Accidentes en el hogar 1.5

Amplio este estudio con los que ofrece un análisis comparativo del Health and Safety Executive (HSE), organismo británico similar a nuestro Instituto Nacional de Seguridad e Higiene en el Trabajo, y que contempla la media anual de fallecidos por actividad siguiente:

- Buceo 1 cada 200.000 inmersiones

- Escalada en roca 1 cada 320.000 escaladas
- Piragüismo 1 cada 750.000 salidas
- Parapente 1 cada 116.000 vuelos
- Operaciones quirúrgicas con anestesia 1 cada 185.000 operaciones
- Accidentes de ferrocarril 1 cada 43.000.000 pasajeros/día
- Accidentes aéreos 1 cada 125. 000.000 pasajeros/día

Creo que a la vista de estas estadísticas cada cual pueda sacar sus propias conclusiones. Es evidente que algunas actividades entrañan su riesgo, pero también lo son otras con las que estamos todos más familiarizados; lo que ocurre es que en el medio natural los errores se pagan caros. Dicho de otra forma: que la exposición al riesgo es mayor y que debemos esforzarnos en hacer las cosas bien.

4. POSIBLES SOLUCIONES

La identificación clara y precisa de los peligros, la evaluación correcta del riesgo, la adopción de las medidas de control pertinentes, así como la aceptación o no de los riesgos residuales, y de las responsabilidades a las que pudiera haber lugar en su caso, son elementos claves en todo el proceso de Gestión del Riesgo. Nos encontramos ante un proceso que no debe pararse nunca, por una parte porque el medio natural no se detiene jamás, pero además porque las responsabilidades que asumimos con nuestras acciones y omisiones, tampoco son siempre las mismas. Por ello el contar con cierto respaldo institucional, así como con un asesoramiento externo, resulta imprescindible actualmente para los proveedores de servicios en el medio natural. Hoy en día nos encontramos ante un equilibrio inestable. Por un lado, la sociedad del riesgo en la que vivimos demanda las actividades de ocio y aventura, pero por otra parte, el derecho a ser protegidos contra posibles lesiones o la muerte. Además el tener la garantía de ser indemnizados por los posibles daños y pérdidas sufridas experimenta un auge cada vez mayor. Parece evidente que cualquier solución que se aborde debe integrar esta doble exigencia.

Según un reciente estudio de la Commonwealth-State Standing Committee on Recreation and Sport (SCORS, 2002), desde octubre de 2001 más de 44 empresas de turismo activo del estado australiano de Victoria se han visto obligadas a suspender sus actividades debido a la imposibilidad de encontrar un asegurador. Si a ello unimos que como informa el Consejo de Seguros de Australia en los últimos años por cada 1.00 $ pagado en las primas, se producen reclamaciones de gastos de 1,34 $ (McArthur, 2001) el problema es evidente.

Como solución a este problema se apuntaban entre otras las medidas siguientes:

1. Implantar un sistema de gestión de los riesgos a nivel nacional para el deporte y la industria del ocio y recreativa.

2. Desarrollar un seguro nacional para este tipo de actividades.

Estos sistemas de gestión de riesgos a los que nos referimos, han sido llevados ya a la práctica en algunos países, y un rápido análisis nos muestra que han sido abordados de maneras diferentes. En algunos casos es la propia administración la que ha recogido el guante y en su legislación contempla sistemas de acreditación obligatorios. En otros, por el contrario, han ido naciendo sistemas de gestión de seguridad y calidad, a los que se acogen las empresas de manera voluntaria.

Así por ejemplo en el caso de Gales, fue la oficina de turismo nacional, Wales Tourist Board (WTB), la que desde 1992 introdujo un sistema voluntario de garantía de calidad que integra en el mismo la seguridad, y al que hasta la fecha se han acogido más de 70 empresas.

Por el contrario la política desarrollada en Francia es diferente, y el objetivo no han sido las empresas en sí mismas, sino más bien la regulación de las actividades y la competencia de los guías. Algunos grupos de edad están excluidos por la ley de participar en determinadas actividades de aventura, y así, por ejemplo, las escuelas primarias no pueden llevar sus alumnos a realizar espeleología, natación en corrientes de agua, deportes aéreos, marchas en alta montaña, recorridos por glaciar, descenso de barrancos o pernoctar en refugios. Otras actividades como equitación, ciclismo de montaña, vela, tiro con arco, pueden hacerse pero siempre con instructores en posesión de las cualificaciones requeridas.

Gráfico 4. Ejemplo de actividad en la naturaleza que tiene que ser asegurada para garantizar que pueden realizarse, y minimizar el riesgo.

Como recoge el estudio "Actividades de aventura. Acuerdos para la concesión de licencias y acreditación en GB, Irlanda y otras jurisdicciones" (Annett, 2005), en resumen los sistemas empleados son los siguientes:

- La acreditación de que los proveedores de servicios cuentan con la aptitud necesaria para gestionar el riesgo y supervisar la seguridad de las actividades que ofrecen, es la base del criterio adoptado por ley en Gran Bretaña e Irlanda y de manera voluntaria en Victoria, Australia.

- La acreditación de los guías por actividades es la base legal del criterio adoptado en Francia y del enfoque voluntario implantado en Nueva Zelanda.

Tanto en unos como en otros, las empresas son sometidas a auditorías específicas donde inspectores especializados en este campo, además de tener como misión principal la supervisión global de la empresa, apoyan y sugieren posibles mejoras a los responsables de las mismas al objeto de conseguir los mejores estándares de calidad: comprueban los programas, reconocen los sitios in situ antes de las actividades, organizan las mismas, imparten cursos de formación, mantienen al día los registros de accidentes, evalúan riesgos.

5. CONCLUSIÓN

Desde una perspectiva holística e integradora es evidente que una práctica segura se basa principalmente en sistemas de calidad y en la competencia de los líderes.

Creo que es necesario responder lo antes posible a la necesidad, que existe y se detecta, de poder ofrecer a todos aquellos que prestan sus servicios en el medio natural herramientas verdaderamente útiles y efectivas que eviten riesgos en su gestión. Lo que propongo, en línea con lo ya desarrollado en otros países, es un profundo cambio estructural y que implica la implantación de sistemas de control y calidad, así como la formación específica en la gestión de riesgos a empresas y profesionales, a través de instituciones oficiales o mediante empresas especializadas en las actividades en el medio natural, tanto si son dirigidas a menores como a los adultos. De esta manera podríamos dar acertada respuesta a las tres principales demandas existentes, a saber:

- La seguridad de los participantes
- La protección jurídica a los proveedores de servicios.
- La asistencia en la contratación de seguros con coberturas adecuadas

Por todo ello, conscientes que estamos ante un problema que no afecta a una única Comunidad, sirva como dato que en el caso de Aragón aproximadamente el 85% de los rescatados son de otras CCAA, y de que la mejor herramienta de la que disponemos se llama prevención, creo que ha llegado el momento de dar una solución al problema. Con este espíritu surgen las propuestas que, en el I Congreso Nacional de Seguridad en Montaña celebrado en Zaragoza en noviembre de 2010, se han elaborado:

- La Gestión de la Seguridad en Aragón en los años venideros debe realizarse bajo un enfoque sistémico. Es necesaria una coordinación de todos los sectores implicados, y deben decidirse desde la Administración unas líneas estratégicas para mejorar la seguridad; todo ello bajo la supervisión del Organismo Público que se considere.

- La profesionalización de todas las personas que trabajan en obtención de datos, información al público, planificación, prevención, protección y rescate constituye una innegable garantía de mejora de la gestión de la seguridad de las actividades en montaña.

- Aragón no puede abordar este problema en solitario. La mayor parte de los accidentados en nuestras montañas provienen de fuera de esta comunidad. La prevención debe ser en origen y por ello es necesaria una labor unificada a escala nacional.

- Se están obteniendo estadísticas y datos cuantitativos en diferentes sectores, pero se necesita "dar significado" a esos datos y consensuar, incluso, qué se entiende por accidente de montaña. La creación de un Observatorio de accidentes de montaña y nieve, similar a lo que ya existe en otros países próximos a nuestro entorno se considera como algo urgente y necesario.

- Según el avance de resultados de la Encuesta sobre los hábitos deportivos en España en 2010, presentado en noviembre de este año, el 43% de los españoles comprendidos entre 15 y 75 años hacen deporte. Esto quiere decir 6 puntos porcentuales más que en 2000 y en 2005, constatándose que la práctica deportiva en espacios naturales ha experimentado un significativo auge. La exposición al medio natural ha aumento por tanto, y todo indica que esta tendencia va a continuar; por lo tanto es preciso generalizar una cultura de la montaña desde la infancia.

• Se considera imprescindible proponer un Plan Nacional de prevención de accidentes de montaña en el que participen todas las Administraciones públicas con competencias en formación (Laboral, Educación y Deportiva).

• A nivel nacional deben fomentarse los Convenios de Colaboración para conseguir modelos de rescates eficaces y eficientes. El principio constitucional de igualdad nos demanda que cada CCAA apoye y ponga a disposición de los usuarios los mejores recursos, medios materiales y personales, que disponga.

• Igualmente, se debe hacer un esfuerzo para homogeneizar las exigencias legales sobre seguridad en las empresas y servicios de las diferentes comunidades autónomas. En especial las actividades que se realizan con menores deben ser objeto de especial dedicación, por lo que deben inspeccionarse y ser prioritariamente apoyadas por la Administración competente.

No cabe duda alguna que esto ayudaría a disminuir la accidentalidad y por consiguiente los costes directos e indirectos derivados de los accidentes.

6. BIBLIOGRAFÍA

AYORA, A. (2008). Gestión del riesgo en montaña y en actividades al aire libre. Madrid: Ediciones Desnivel.

AYORA, A. (2012). Riesgo y Liderazgo. Cómo organizar y guiar actividades en el medio natural. Madrid: Ediciones Desnivel.

CAPÍTULO 3.
FORMACIÓN PROFESIONAL PARA EL EMPLEO RELACIONADA CON LA FAMILIA PROFESIONAL DE LAS ACTIVIDADES FÍSICAS Y DEPORTIVAS

D. Juan Francisco Fuella Moreno
Licenciado en Ciencias del Deporte
Asesor Instituto Nacional de Cualificación

D. Belian Martínez Rodríguez
Licenciado en Ciencias del Deporte
Asesor Instituto Nacional de Cualificación

1. INTRODUCCIÓN

El presente artículo trata de hacer una revisión de la situación en la que se encuentra la Formación Profesional para el Empleo dentro de la Familia Profesional de las Actividades Físicas y Deportivas. Para la redacción del mismo se ha analizado y sintetizado la información de dominio público, que podemos encontrar en los enlaces del Ministerio de Educación, Cultura y Deporte; y del Ministerio de Empleo y Seguridad Social entre otros, enlaces y documentos que aparecen referenciados al final de este capítulo.

Antes de adentrarnos en la estructuración de la Formación Profesional para el Empleo dentro de la Familia Profesional de las Actividades Físicas y Deportivas, vamos a contextualizar brevemente el concepto de Formación Profesional para el Empleo, su estructura y de forma general los procesos que se utilizan para el diseño y elaboración de las Cualificaciones Profesionales que dotan de contenido a este tipo de Formación.

De forma general se puede decir que la Formación Profesional para el Empleo, son todas aquellas acciones que la Administración Pública pone a disposición de la ciudadanía para favorecer la búsqueda de empleo por parte de las personas y facilitar su incorporación a la vida social y participativa de su entorno.

El derecho a la educación tiene en la formación profesional una vertiente de significación individual y social creciente. La cualificación profesional que proporciona esta formación sirve tanto a los fines de la elevación y nivel de la calidad de vida de las personas como a los de la cohesión económica y social y del fomento del empleo.

La Ley Orgánica 5/2002 del 19 de Junio, de las Cualificaciones y de la Formación Profesional tiene por finalidad la creación de un Sistema Nacional de Cualificaciones y Formación Profesional que dote de unidad, coherencia y eficacia a la planificación, ordenación y administración de esta realidad. Entre sus objetivos está facilitar la integración de las distintas formas de certificación y acreditación de las competencias y de las cualificaciones profesionales.

La formación profesional comprende el conjunto de acciones formativas que capacitan para el desempeño cualificado de las diversas profesiones, el acceso al empleo y la participación activa en la vida social cultural y económica.

Incluye las enseñanzas propias de la formación profesional inicial, las acciones de inserción y reinserción laboral de los trabajadores, así como las orientadas a la formación continua en las empresas, que permitan la adquisición y actualización permanente de las competencias profesionales.

La Formación Profesional para el Empleo tiene por objeto impulsar y extender entre las empresas y los trabajadores ocupados y desempleados una formación que responda sus necesidades y contribuya al desarrollo de una economía basada en el conocimiento.

Son fines de la formación profesional para el empleo:

- Favorecer la formación a lo largo de la vida de los trabajadores desempleados y ocupados, mejorando su capacitación profesional y desarrollo personal.

- Proporcionar a los trabajadores los conocimientos y las prácticas adecuados a las competencias profesionales requeridas en el mercado de trabajo y a las necesidades de las empresas.

- Contribuir a la mejora de la productividad y competitividad de las empresas.

- Mejorar la empleabilidad de los trabajadores, especialmente de los que tienen mayores dificultades de mantenimiento del empleo o de inserción laboral.

- Promover que las competencias profesionales adquiridas por los trabajadores tanto a través de procesos formativos (formales y no formales), como de la experiencia laboral, sean objeto de acreditación.

2. SISTEMA NACIONAL DE CUALIFICACIONES Y FORMACIÓN PROFESIONAL

Si con carácter general hemos establecido que la Formación Profesional para el Empleo está formada por un conjunto de acciones encaminadas al desarrollo de la ciudadanía, en este sentido el Sistema Nacional de Cualificaciones y la Formación Profesional, en adelante SNCFP, lo podemos entender como el conjunto de herramientas que dotan de contenido a esta Formación Profesional.

La Ley Orgánica 5/2002, de 19 de junio de Cualificaciones y Formación Profesional, tiene por objeto la ordenación integral de la Formación Profesional para responder a las demandas de los diferentes sectores productivos. Todas las acciones que se lleven a cabo para tal fin, estarán en el marco del Sistema Nacional de Cualificaciones y Formación Profesional entendido como el conjunto de instrumentos y acciones necesarios para promover y desarrollar la integración de las ofertas de formación profesional y la evaluación y acreditación de las competencias profesionales.

El SNCFP es un conjunto de instrumentos y acciones necesarios para promover y desarrollar la integración de las ofertas de la formación profesional, mediante el Catálogo Nacional de Cualificaciones Profesionales. Asimismo, busca promover y desarrollar la evaluación y acreditación de las correspondientes competencias profesionales, de forma que se favorezca el desarrollo profesional y social de las personas y se cubran las necesidades del sistema productivo.

Sus principios básicos son los siguientes:

- El desarrollo personal en el ejercicio del derecho al trabajo y a la libre elección de profesión u oficio.
- La satisfacción de las necesidades del sistema productivo y del empleo a lo largo de toda la vida.
- El acceso, en condiciones de igualdad, de todos los ciudadanos a las diferentes modalidades de la formación profesional.
- La participación y cooperación de los agentes sociales con los poderes públicos.
- La adecuación de la formación y las cualificaciones a los criterios de la Unión Europea.
- La participación y cooperación entre las diferentes Administraciones Públicas.
- La promoción del desarrollo económico con atención a las distintas necesidades que, en cada región, presenta el sistema productivo.

En el desarrollo del Sistema Nacional de Cualificaciones y Formación Profesional se promueve la pertinente colaboración de los Agentes Sociales con las Administraciones Públicas, las universidades, las cámaras de comercio y las entidades de formación.

Para identificar y actualizar las necesidades de cualificación, así como para su definición y la de la formación requerida, se establecen procedimientos de colaboración y consulta con los diferentes sectores productivos y con los interlocutores sociales.

3. INSTITUTO NACIONAL DE LAS CUALIFICACIONES

Dentro del marco del SNCFP, encontramos al Instituto Nacional de las Cualificaciones (en adelante, INCUAL) que fue creado por el Real Decreto 375/1999, de 5 de marzo. El INCUAL es el instrumento técnico, dotado de capacidad e independencia de criterios, que apoya al Consejo General de Formación Profesional para alcanzar los objetivos del Sistema Nacional de Cualificaciones y Formación Profesional.

La Ley Orgánica 5/2002, de las Cualificaciones y de la Formación Profesional, atribuye al INCUAL la responsabilidad de definir, elaborar y mantener actualizado el Catálogo Nacional de las Cualificaciones Profesionales y el correspondiente Catálogo Modular de Formación Profesional.

El órgano rector del Instituto es el Consejo General de Formación Profesional, aunque depende orgánicamente de la Secretaría General de Educación (Ministerio de Educación y Ciencia), según lo fijado en el Real Decreto 1553/2004, de 20 de junio.

De forma general lo objetivos del INCUAL son los siguientes:

- Observación de las cualificaciones y su evolución.
- Determinación de las cualificaciones.
- Acreditación de las cualificaciones.
- Desarrollo de la integración de las cualificaciones profesionales.
- Seguimiento y evaluación del Programa Nacional de Formación Profesional.

Es muy importante preservar la independencia y el trabajo de este organismo, ya que es el principal responsable de acercar la formación al mercado laboral y además es pieza clave en el desarrollo de la competitividad de todo sector productivo mediante el diseño y la publicación de las Cualificaciones Profesionales que den respuesta a las demandas del mercado laboral.

4. CUALIFICACIONES PROFESIONALES

Hemos dicho anteriormente que el INCUAL es el organismo encargado de diseñar y elaborar Cualificaciones Profesionales, pero ¿Qué entendemos por Cualificaciones Profesionales?, una cualificación profesional es el "conjunto de competencias profesionales con significación en el empleo que pueden ser adquiridas mediante formación modular u otros tipos de formación, así como a través de la experiencia laboral" (Ley 5/2002 de las Cualificaciones y de la Formación Profesional).

Se entiende que una persona está cualificada cuando en su desempeño laboral obtiene los resultados esperados, con los recursos y el nivel de calidad debido.

Desde un punto de vista formal, la cualificación es el conjunto de competencias profesionales (conocimientos y capacidades) que permiten dar respuesta a ocupaciones y puestos de trabajo con valor en mercado laboral, y que pueden adquirirse a través de formación o por experiencia laboral.

Una definición de competencia que se suele utilizar es la siguiente: "el conjunto de conocimientos y capacidades que permiten el ejercicio de la actividad profesional conforme a las exigencias de la producción y del empleo" (Ley 5/2002 de las Cualificaciones y de la Formación Profesional).

La competencia de una persona abarca la gama completa de sus conocimientos y sus capacidades en el ámbito personal, profesional o académico, adquiridas por diferentes vías y en todos los niveles, del básico al más alto. A su vez, la citada norma conceptualiza la unidad de competencia como el "agregado mínimo de competencias profesionales, susceptible de reconocimiento y acreditación parcial".

El Catálogo Nacional de Cualificaciones Profesionales incorpora tanto las competencias técnicas -las específicas de esa cualificación y las transversales a otras- como también las competencias clave.

Las competencias clave son aquellas que permiten a los individuos adaptarse a un entorno laboral cambiante: permiten obtener buenos resultados durante la actividad profesional en diferentes dominios o contextos sociales. Constituyen pues la clave para la flexibilidad profesional o funcional de los trabajadores al posibilitar su movilidad, ya sea dentro de un mismo campo ocupacional o de un campo a otro.

El SNCFP persigue identificar cuáles son las competencias requeridas para el empleo, por lo que tiene en cuenta tanto las competencias profesionales técnicas como las competencias clave, no ligadas a disciplinas o campos de conocimiento concretos, pero imprescindibles para la inserción laboral.

4.1 Estructura de una cualificación profesional

ESTRUCTURA DE UNA CUALIFICACIÓN

Cualificación Profesional:

Denominación: Nombre de la Cualificación Profesional

Niveles: 5 niveles que determinan el grado de complejidad y responsabilidad de esa Cualificación Profesional.

Duración: Horas de formación

Competencia General: se desglosa **Capacidades Profesionales**

Entorno Profesional: trabajos para los que cualifica.

Unidades de Competencia: (Unidades que forman la Cualificación Profesional)

Identificación: Nombre de la U.C.

Realizaciones Profesionales----Criterios de Realización

Dominio Profesional: (Contexto Profesional)

Módulo Formativo: (Dónde se describen las Enseñanzas Mínimas de cada U.C.)

Identificación: Nombre del Módulo Formativo.

Capacidades Terminales---Criterios de Evaluación

Contenidos: conceptos, procedimientos y actitudes de ese Módulo Formativo.

Requisitos básicos del contexto formativo: Requisitos de espacio, recursos materiales y de equipamientos, profesorado, etc).

Gráfico 1. Estructura de una cualificación profesional

5. CATÁLOGO NACIONAL DE LAS CUALIFICACIONES

Una vez que ya hemos determinado que es una Cualificación Profesional, vamos a ver ahora, dónde se encuentran recogidas estas Cualificaciones. El Catálogo Nacional de Cualificaciones Profesionales (CNCP) es el instrumento del Sistema Nacional de las Cualificaciones y Formación Profesional (SNCFP) que ordena las cualificaciones profesionales susceptibles de reconocimiento y acreditación, identificadas en el sistema productivo en función de las competencias apropiadas para el ejercicio profesional.

Comprende las cualificaciones profesionales más significativas del sistema productivo español, organizadas en familias profesionales y niveles. Constituye la base para elaborar la oferta formativa de los títulos y los certificados de profesionalidad.

El Instituto Nacional de las Cualificaciones es el responsable de definir, elaborar y mantener actualizado el CNCP y el correspondiente Catálogo Modular de Formación Profesional.

El CNCP tiene como fines principales los siguientes:

- Adecuar la formación profesional a los requerimientos del sistema productivo.

- Integrar las ofertas de formación profesional. A partir de este Catálogo se diseñan la Formación Profesional Ocupacional y la Formación Profesional Reglada, por lo que sirve de marco común para ambos sistemas formativos.

- Ejercer como referente para la evaluación y el reconocimiento de las competencias adquiridas por vías informales y no formales.

- Promover la formación a lo largo de la vida.

- Elevar la calidad de la formación profesional en su conjunto, satisfaciendo las necesidades de los usuarios para elevar la demanda social de este tipo de formación.

ELENA HERNÁNDEZ HERNÁNDEZ; PABLO CABALLERO BLANCO; MARTA GARCÍA TASCÓN; JESÚS MORENAS MARTÍN

- Transparentar el mercado laboral, de modo que se facilite el ajuste entre oferta y demanda de trabajo.

- Fomentar una mejor cualificación de la población activa, mediante la formación permanente a lo largo de la vida, premisas ambas del SNCFP.

- Mejorar la información y la orientación profesionales.

- Potenciar la calidad y evaluación del SNCFP.

5.1 Cualificaciones pertenecientes a la familia profesional de las actividades físicas y deportivas

Dentro de la Familia Profesional de las Actividades Físicas y Deportivas, actualmente (23 de Marzo del año 2012) se han publicado las siguientes Cualificaciones Profesionales:

Nivel 1

AFD500_1 Operaciones auxiliares en la organización de actividades y funcionamiento de instalaciones deportivas.

Nivel 2

AFD096_2 Socorrismo en instalaciones acuáticas.

AFD159_2 Guía por itinerarios de baja y media montaña.

AFD160_2 Guía por itinerarios en bicicleta.

AFD161_2 Guía en aguas bravas.

AFD338_2 Guía por barrancos secos o acuáticos.

AFD339_2 Guía por itinerarios ecuestres en el medio natural.

AFD340_2 Socorrismo en espacios acuáticos naturales.

AFD501_2 Balizamiento de pistas, señalización y socorrismo en espacios esquiables.

AFD502_2 Conducción subacuática e iniciación en buceo deportivo.

AFD503_2 Guía de espeleología.

AFD504_2 Iniciación deportiva en espeleología.

58

AFD505_2 Iniciación deportiva en hípica y ecuestre.

AFD506_2 Iniciación deportiva en natación y sus especialidades.

AFD507_2 Iniciación deportiva en vela con embarcaciones de aparejo libre y fijo.

AFD508_2 Iniciación y promoción deportiva en judo y defensa personal.

AFD538_2 Iniciación deportiva en la modalidad de salvamento y socorrismo en instalaciones acuáticas.

AFD612_2 Iniciación deportiva en esgrima.

AFD613_2 Iniciación deportiva en golf.

AFD614_2 Iniciación deportiva en piragüismo.

AFD615_2 Iniciación deportiva en tenis.

AFD663_2 Iniciación deportiva en karate.

AFD664_2 Iniciación deportiva en rugby.

AFD665_2 Iniciación deportiva en taekwondo.

Nivel 3

AFD097_3 Acondicionamiento físico en sala de entrenamiento polivalente.

AFD162_3 Acondicionamiento físico en grupo con soporte musical.

AFD341_3 Actividades de natación.

AFD509_3 Animación físico-deportiva y recreativa.

AFD510_3 Animación físico-deportiva y recreativa para personas con discapacidad.

AFD511_3 Fitness acuático e hidrocinesia.

AFD539_3 Coordinación de servicios de socorrismo en instalaciones y espacios naturales acuáticos.

AFD616_3 Instrucción en yoga.

6. CERTIFICADO DE PROFESIONALIDAD

Dentro del marco que suponen las Cualificaciones Profesionales, encuentran el germen para el diseño y desarrollo de su formación, tanto el Ministerio de Educación para la elaboración de los Títulos de Técnico de Grado Medio y Superior, como el Ministerio de Trabajo para la elaboración de los Certificados de Profesionalidad. En este sentido, la Formación Profesional para el Empleo, tiene como principal herramienta de formación estos Certificados de Profesionalidad en las diferentes Familias Profesionales y que deben de responder a las demandas de formación de todos los sectores productivos.

Un certificado de profesionalidad es un documento que acredita a un trabajador/a en una cualificación profesional del Catálogo Nacional de las Cualificaciones Profesionales.

Son emitidos por el Servicio Público de Empleo Estatal (SEPE) o, en su caso, por las Comunidades Autónomas, y tienen validez en todo el territorio nacional e incluso a nivel europeo.

Poseer un certificado de profesionalidad supone sin lugar a dudas incrementar sustancialmente tu currículo profesional, ya que, al ser un documento oficial, se valora en cualquier proceso de selección que convoque la Administraciones Públicas, y te acredita profesionalmente ante la empresa privada.

En lo relativo a su oficialidad a nivel europeo, tanto los títulos de formación profesional como los certificados de profesionalidad tendrán los efectos que les correspondan con arreglo a la normativa de la Unión Europea relativa al sistema general de reconocimiento de la formación profesional en los Estados miembros de la Unión y demás Estados signatarios del Acuerdo sobre el Espacio Económico Europeo. Dichos títulos y certificados acreditan las correspondientes cualificaciones profesionales.

Para obtener el certificado, la persona debe de estar en posesión de las certificaciones parciales de las distintas Unidades de Competencia que componen el Certificado.

Para obtener una Unidad de Competencia tiene las siguientes vías:

- Superar los módulos formativos correspondientes, mediante la realización y evaluación de las acciones formativas pertinentes.

- Participando en las pruebas que al respecto convoque la Administración correspondiente para dicha UNIDAD DE COMPETENCIA, basándose en el Real Decreto 1224/2009 de reconocimiento de las competencias profesionales adquiridas por experiencia laboral o de vías no formales de formación.

- Mediante la convalidación de la UNIDAD DE COMPETENCIA por estar en posesión de dicha UNIDAD a través de la Formación Profesional del sistema educativo.

Las Administraciones competentes llevaran un registro nominal por especialidades tanto de las acreditaciones de las UNIDADES de COMPETENCIA como de los Certificados que expidan. Los Centros autorizados para la impartición de los módulos formativos deberán entregar a la Administración un acta de evaluación de los alumnos que hayan participado, indicando en los términos de apto/no apto la superación del módulo. Dicha acta será el referente para la Certificación de la Unidad de competencia.

6.1 Certificados pertenecientes a la familia profesional de las actividades físicas y deportivas

6.1.1. Certificados de Profesionalidad Publicados:

En la actualidad a fecha de 23 de Marzo del 2012, la relación de Certificados de Profesionalidad de la Familia Profesional de AFD que se encuentran publicados son:

Denominación	Nivel	Horas Totales
Acondicionamiento Físico en Grupo con Soporte Musical	3	590
Acondicionamiento Físico en Sala de Entrenamiento Polivalente	3	590
Actividades de Natación	3	750
Guía de Itinerarios en Bicicleta	2	420
Guía por Itinerarios Ecuestres en el Medio Natural	2	580
Socorrismo en Espacios Acuáticos Naturales	2	420
Socorrismo en Instalaciones Acuáticas	2	370

6.1.2. Certificados de Profesionalidad de Próxima Publicación:

- Animación Físico-Deportiva y Recreativa.
- Coordinación de Servicios de Socorrismo en Instalaciones y Espacios Naturales Acuáticos.
- Fitness Acuático e Hidrocinesia.
- Balizamiento de Pistas, Señalización y Socorrismo en Espacios Esquiables.
- Guía por Itinerarios de Baja y Media Montaña.
- Guía por Barranco Secos y Acuáticos.
- Guía en Espeleología.

7. LAS GUÍAS DE EVIDENCIA (ACREDITACIÓN DE COMPETENCIAS)

Las Guías de Evidencia son el instrumento de apoyo a la evaluación y acreditación de las competencias del interesado o interesada. Tras un exhaustivo análisis y comprensión de las diferentes Unidades de Competencia en las que se basan las Cualificaciones y Certificados, la Guía de Evidencia es el instrumento utilizado por las comisiones, el evaluador y el asesor cualificados, para otorgar validez, fiabilidad y homogeneidad a los criterios y procedimientos de evaluación.

El seguimiento y cumplimientos de los criterios establecidos dentro de las Guías contribuyen al rigor técnico en el resultado de la evaluación, en su calidad y por ende en beneficio para el trabajador y la trabajadora. Las Guías de Evidencia se clasifican por niveles, directamente relacionadas con las Cualificaciones Profesionales, existiendo una GEC por cada UC dentro de cada Cualificación. Pudiendo encontrar entorno a 90 GEC distintas, sin contar con aquellas UC transversales que aparecen en varias Cualificaciones por afinidad.

8. CONCLUSIÓN

En la actualidad la Formación Profesional para el Empleo dentro de la Familia Profesional de las Actividades Físicas y Deportivas, se encuentra en plena expansión. Esta Familia Profesional es de reciente creación y por este motivo todavía falta mucho trabajo por hacer con respecto al diseño toda su formación asociada, tanto relativa a las Cualificaciones Profesionales como a los Certificados de Profesionalidad.

Unido a este pequeño "desfase" temporal con el que cuenta la Familia de Actividades Físicas y Deportivas, habría que añadir también que éste es un sector en continua evolución, por lo que es muy importante que todos los organismos y entidades que tienen algún tipo de responsabilidad en el diseño y elaboración de la oferta formativa de esta familia, sean lo suficientemente ágiles como para llegar a tiempo a la demanda y profesionalización de este sector y dar respuesta así a las necesidades del mercado.

9. BIBLIOGRAFÍA

Ley Orgánica 5/2002, de las Cualificaciones y de la Formación Profesional (2002). Boletín Oficial del Estado, nº147. Jefatura del Estado. España.

CREATIVE QUALITY, S.L. Certificados de Profesionalidad. (Última consulta en 2012). Disponible en: http://www.certificadosprofesionalidad.com/index.php

FUNDACIÓN TRIPARTITA PARA LA FORMACIÓN Y EL EMPLEO. (Última consulta en 2012). Disponible en: http://www.fundaciontripartita.org/

MINISTERIO DE EDUCACIÓN, CULTURA Y DEPORTE. Instituto Nacional de las Cualificaciones. (Última consulta en 2012). Disponible en:

http://www.educacion.gob.es/educa/incual/ice_incual.html

MINISTERIO DE EDUCACIÓN, CULTURA Y DEPORTE. Instituto Nacional de las Cualificaciones. Familia Profesional Actividades Físicas y Deportivas. (Última consulta en 2012). Disponible en:

http://www.educacion.gob.es/educa/incual/ice_Acreditacion_AFD.ht ml

MINISTERIO DE EDUCACIÓN, CULTURA Y DEPORTE. Instituto Nacional de las Cualificaciones. Familia Profesional Actividades Físicas y Deportivas. (Última consulta en 2012). Disponible en:

https://www.educacion.gob.es/iceextranet/bdqAction.do

MINISTERIO DE EMPLEO Y SEGURIDAD SOCIAL. Servicio Público de Empleo Estatal. Formación para el empleo. (Última consulta en 2012). Disponible en: http://www.sepe.es/contenido/empleo_formacion/formacion/f ormacion_para_el_empleo/formacion_profesional_para_el_empl eo/cf0501.html

CAPÍTULO 4.
LAS VÍAS VERDES COMO RECURSO PARA LAS EMPRESAS DE TURISMO ACTIVO

Dr. Pablo Luque Valle
Doctor en Ciencias de la actividad física y el deporte
Profesor de formación profesional del IES Luis Carrillo de Sotomayor

1. CONCEPTO Y PERFIL DEL TURISTA ACTIVO EN ESPAÑA

1.1. Concepto de turismo activo

El turismo activo está en pleno crecimiento, dejando de ser una actividad turística complementaria para tener una entidad propia y con una presencia económica muy importante dentro del turismo (Gómez-Limón et al. 2003; MITC, 2004). Del turismo genérico considerado hoy en día, como sol y playa, rural y de ciudad, emanan distintos segmentos turísticos de los que surge un creciente número de turismos específicos, los cuales cubren las demandas y motivaciones de una población concreta de turistas (Triguero, 2010). Partiendo del turismo deportivo como turismo genérico, el cuál abarca distintos segmentos turísticos; hablaremos del turismo deportivo en la naturaleza o turismo deportivo de naturaleza (Luque, 2004b; Rivera, 2010; Rodríguez, 2006), es lo que ha dado en denominarse a modo institucional, comercial y social como turismo activo, y dentro de éste podemos identificar distintos turismos específicos.

Andalucía "consideran actividades propias del turismo activo las relacionadas con actividades deportivas que se practiquen sirviéndose básicamente de los recursos que ofrece la naturaleza en el medio en el que se desarrollen, a las cuales les es inherente el

65

factor riesgo o cierto grado de esfuerzo físico o destreza" (art. 4 del decreto 20/2002, de 29 de enero). El resto de normas regionales (en total diez más) entienden este segmento turístico con similares connotaciones; hablan de la interacción de tres factores: recursos naturales, actividad deportiva y factor riesgo.

La práctica del turismo activo requiere para su realización un hábitat o entorno geográfico concreto que precisa trasladarse hasta lugares concretos donde poder realizar, practicar y participar activamente en tales actividades; y no siempre estos entornos han de ser espacios naturales protegidos (Rivera, 2010).

1.2. Perfil del turista activo en España

Según diversos estudios y/o análisis (CTCD, 2010; Madrid, 2006; MITC, 2004 y Rivera, 2010), podemos concluir que el perfil del turista activo en España es:

a) Características sociodemográficas:

Es mayoritariamente hombre, aunque la mujer tiene cada vez más presencia en este tipo de turismo, de edad media (30-44 años) con un nivel medio-alto (trabajador cualificado), presenta estudios medios-superiores (secundaria-universitaria). Son jóvenes solteros, jóvenes casados sin hijos y adultos casados con hijos, principalmente nacionales (más del 70%) y entre los extranjeros, la mayor presencia la tienen alemanes, franceses y británicos.

b) Otras características:

Se trata de una persona activa, con una fidelidad muy alta por este tipo de turismo. Viaja acompañado y se caracteriza por escalonar sus viajes a lo largo del año, los cuales los autoorganiza, obteniendo información principalmente por internet. Practican fundamentalmente senderismo, cicloturismo y montañismo. Y realiza el desplazamiento mayoritariamente en coche.

El estudio del año 2004 realizado por el Ministerio de Industria, Turismo y Comercio señala que entre los aspectos más valorados en la elección de un destino de naturaleza se encuentran: entorno, recursos, oferta, clima, precio y profesionalidad.

1.3. Algunos datos relevantes

A continuación expongo algunos datos interesantes para reseñar la importancia y el futuro que presenta el turismo activo, así como la potencialidad que tienen los turistas extranjeros para realizar actividades de turismo activo en nuestro país.

A España los principales mercados emisores son Reino Unido (principal emisor de Andalucía), Alemania y Francia; los Países Nórdicos y Países Bajos están en auge (IET, Frontur, 2010). La práctica deportiva y paseos por el campo se incluyen entre los viajes de ocio, siendo los extranjeros los que más deporte realizan (IET, Familitur y Egatur, 2010). Andalucía es un lugar de destino para turistas nacionales y extranjeros (IET, Familitur y Frontur, 2010). Esta región es destino con paquetes turísticos para los extranjeros, y de éstos, quienes más gastan en los paquetes turísticos son alemanes, nórdicos y británicos; y Andalucía es una de las regiones donde más se gasta en los paquetes turísticos (IET, Egatur, 2010). Los turistas nacionales realizan más viajes de ocio en los puentes (71,3%) que en el verano (11,1%), (IET, Familitur, 2010).

El 40% de los turistas extranjeros potenciales afirman gastar unos 45€/día, el 73% viajarían a España para realizar viajes donde combinen naturaleza y otro tipo de turismo (cultural, sol y playa,...); los cuales demandan senderismo (98%), BTT (61%), observación de fauna (55%) y rutas ecuestres (43%), según el MITC (2004). Los cicloturistas europeos no restringen sus viajes a las fechas festivas y estivales, y su perfil básico es de edad entre 40-55 años, viajan en pareja o en grupos familiares pequeños, tienen un nivel adquisitivo alto y pernoctan de media entre 3 y 4 noches (Hernández, Aizpurúa y Aycart, 2011). Según el estudio realizado por la Dirección General para Políticas Interiores, en torno a 25,6 millones de personas emprenden anualmente un viaje en bicicleta en Europa, con al menos una pernoctación, lo que representa el 3% de todos los turistas europeos (Parlamento Europeo, 2009).

2. INTRODUCCIÓN A LAS VÍAS VERDES

Durante las últimas décadas del siglo XX, existió un aumento acelerado y de transformación constante que provocó que algunas infraestructuras que hasta hace poco consideradas signos de progreso y modernidad hayan ido cayendo en el desuso y abandono. De este deterioro y degradación las vías ferroviarias son claros ejemplos.

Pero, ¿qué son las vías verdes?; a nivel internacional, por su arraigada tradición, podemos distinguir claramente el enfoque norteamericano y el enfoque europeo. La expansión de las vías verdes (VV) invade a distintas culturas, entre las que existen algunos acercamientos y/o diferencias en su concepto. Según Ahern, (1995, citado por Rovelli, 2007, p.28) para Norteamérica, las VV "son redes terrestres que contienen los elementos lineales que se planean, se diseñan y se manejan para diversos propósitos incluyendo el uso ecológico, recreacional, cultural, estético, y otros usos compatibles con el concepto de la utilización sostenible del suelo". En cambio, para México (CONACULTA) o Australia (Railtrails Australia), las VV son los recorridos que se asientan sobre líneas ferroviarias cerradas y abandonadas.

En sintonía con el enfoque europeo, la asociación europea de vías verdes (AEVV), en la modificación de sus estatutos, presentada el 11 de mayo del 2009, considera las vías verdes o vías lentas en su artículo 1.3 como "infraestructuras destinadas esencialmente a los desplazamientos no motorizados sobre recorridos autónomos, tales como vías de ferrocarril desafectadas, caminos de sirga en canales o los grandes itinerarios históricos, ya sea en el medio rural o urbano".

Sin embargo, España presenta una especificidad muy clara y concisa, sólo se consideran VV a "los antiguos trazados ferroviarios en desuso reutilizados como itinerarios no motorizados", apto para caminar, ciclismo, correr, patinar, rutas ecuestres, movilidad reducida, etc., según explica Aycart (2010b, p.3) directora del programa nacional de VV. Así pues, se diferencian de cualquier otro tipo de viales no motorizadas como vías pecuarias, senderos homologados, corredores y/o puertas verdes.

España, cuenta actualmente con más de 1.900 kilómetros de VV repartidos en más de noventa itinerarios operativos entre quince comunidades autónomas, con excepción de las islas y las dos ciudades autónomas.

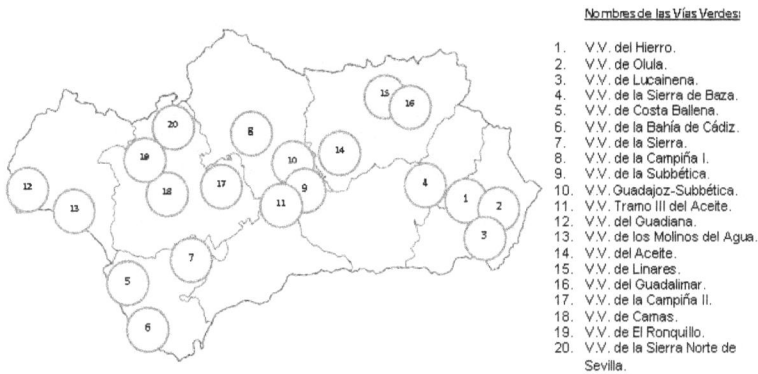

Nombres de las Vías Verdes:

1. V.V. del Hierro.
2. V.V. de Olula.
3. V.V. de Lucainena.
4. V.V. de la Sierra de Baza.
5. V.V. de Costa Ballena.
6. V.V. de la Bahía de Cádiz.
7. V.V. de la Sierra.
8. V.V. de la Campiña I.
9. V.V. de la Subbética.
10. V.V. Guadajoz-Subbética.
11. V.V. Tramo III del Aceite.
12. V.V. del Guadiana.
13. V.V. de los Molinos del Agua.
14. V.V. del Aceite.
15. V.V. de Linares.
16. V.V. del Guadalimar.
17. V.V. de la Campiña II.
18. V.V. de Camas.
19. V.V. de El Ronquillo.
20. V.V. de la Sierra Norte de Sevilla.

Gráfico 1. Mapa de las vías verdes acondicionadas en Andalucía.

Se trata de una infraestructura lineal creada y pensada para ser utilizada en el ámbito deportivo, turístico, educativo, ambiental, cultural,... La propia Fundación de los Ferrocarriles Españoles (FFE) clasifica las VV en tres tipos: a) vías verdes no acondicionadas: son líneas de ferrocarril en desuso en las que no ha habido trabajos de recuperación, salvo la eliminación de raíles y traviesas y por tanto, no están acondicionadas ni tienen un órgano gestor. En la actualidad existen 194,9 kilómetros a dividir en 8 VV andaluzas; b) vías verdes acondicionadas: cuando ha habido una inversión pública para su recuperación, existiendo equipamientos, servicios complementarios y un ente gestor. Andalucía presenta en torno a 370 kilómetros a repartir en 20 itinerarios y, c) vías verdes en fase de obras: son vías que están en fase de recuperación y que finalizadas las obras y entregadas al promotor pasarán a ser VV acondicionadas. En el momento de redactar esta ponencia está en ejecución la VV de los Alcores (Carmona-Alcalá de Guadaira) de 28 kilómetros.

Una VV no sólo es seguir el trazado original de una vía ferroviaria, sino que se acompaña de servicios complementarios (restaurantes, puntos de información, museos, alojamientos,...) ubicados, normalmente, en las obras de fábricas que le son propias al sector ferroviario; hablamos de estaciones, apeaderos, muelles de carga, etc. Y, en los últimos años se observa la incorporación de elementos ferroviarios y/o industriales a modo ornamental o reutilizados como equipamientos, que nos recuerdan que tiempo atrás aquella construcción era una vía ferroviaria; participando en lo que se ha dado en denominar "arqueología industrial", según Valero (1994, p.294). Al mismo tiempo, se están añadiendo artworks (arte-escultura en la calle), con fines decorativos o con una función utilitaria, a fin de crear lo que Sustrans denomina "the travelling landscape".

N°	Vía Verde Andaluza Acondicionada.		Distancia en km.	
1	VV del Almanzora (Almería)	Tramo VV del Hierro	12,7	
2	VV del Almanzora (Almería)	Tramo VV de Olula	1,6	
3	VV de Lucainena (Almería)		5	
4	VV de la Sierra de Baza (Granada)		7	
5	VV de Costa Ballena (Cádiz)	Tramo VV de Rota	7,5 (+1,700 km. De casco urbano)	16,1 (+1,700 km. de casco urbano)
		Tramo de VV de Chipiona	8,6	
6	VV de la Bahía de Cádiz (Cádiz)		8	
7	VV de la Sierra (Cádiz-Sevilla)		36,5	
8	VV de la Campiña I (Córdoba)		27,3	
9	VV de la Subbética (Córdoba)		56	
10	VV Guadajoz-Subbética (Córdoba)		7,753	
11	VV Tramo III Aceite (Córdoba)		7,9	
12	VV del Guadiana (Huelva)		17	
13	VV de los Molinos del Agua (Huelva)		34 (+2 km. de casco urbano no acondicionado)	
14	VV del Aceite (Jaén)		55	
15	VV de Linares (Jaén)		6	
16	VV del Guadalimar (Jaén)		15	
17	VV de la Campiña II (Sevilla)		28,5	
18	VV de Itálica (Sevilla)	Tramo de VV de Camas	2	
19	VV del Ronquillo (Sevilla)		9	
20	VV de la Sierra Norte de Sevilla(Sevilla)		15 (+3,700 km de vía pecuaria)	
Total			367,353 km. (374,753 km.)	

Gráfico 2. Tabla de Vías verdes andaluzas acondicionadas y Longitud

La construcción de estas líneas no motorizadas requiere de unas consideraciones básicas para ser homologadas como VV acondicionadas (Aycart y Hernández, 2007): accesibilidad universal, señalización homologada, delimitación de cada infraestructura y equipamiento, creación de servicios y equipamientos, acondicionamiento del firme, prohibición del uso de vehículos a motor, etc. Andalucía a fecha de hoy presenta veinte VV acondicionadas, como podemos observar en la figura anterior y tabla siguiente.

Como VV no acondicionadas Andalucía cuenta con cinco, más tres tramos sin acondicionar de otros viales acondicionados, como indicamos en la tabla. Son líneas que al recorrerlas igualmente nos descubrirán paisajes espectaculares, pero hemos de considerar que podemos encontrarnos transporte motorizado, discontinuidad en la plataforma de la vía, posibles infraestructuras deterioradas y obviamente, ningún equipamiento y/o servicio complementario.

Nº	Vía Verde Andaluza No Acondicionada.		Distancia en km.
1	VV de Costa Ballena (Cádiz)	Tramo de Sanlúcar de Barrameda	7,4
2	VV de Sierra Nevada (Granada)		6
3	VV del Litoral (Huelva)		47
4	VV del Odiel (Huelva)		17
5	VV de Riotinto (Huelva)		35
6	VV Minas de Plomo (Jaén)		11
7	VV de la Campiña III (Sevilla)	Tramos La Luisiana, Fuentes de Andalucía y Marchena	36,5
8	VV de Itálica (Sevilla)	Tramos Santiponce, Gerena, Aznalcóllar	35
Total			194,9 km.

Gráfico 3. Tabla. Vías verdes andaluzas no acondicionadas y Longitud.

3. CADENA DE VALORES PARA HACER DE UNA VÍA VERDE UN PRODUCTO TURÍSTICO

Para crear un producto turístico se precisa de una cadena de valores, en la que cada uno de los eslabones representa un elemento del producto final. Todos los elementos deben estar relacionados, armonizados y creados para satisfacer las necesidades de los "viaverdistas" que sin duda son el principal motivo para poder comercializar una VV.

3.1. Características físicas

a. Entorno: natural; urbano y comarca turística ayudarán a comercializar la VV si está bien conservado, es un paisaje típico, está próximo al vial y ya es una zona turística.

b. Recursos: que sumen valor a la VV como los recursos naturales; infraestructuras; patrimoniales; etnológicos y deportivos-recreativos.

3.2. Características comerciales

c. Infraestructuras-equipamientos: para la creación, mantenimiento y comercialización de estos trazados son fundamentales: aparcamientos; firme-cunetas-taludes; señalización de acceso y en la VV; arboleda y zonas verdes; seguridad pasiva; zonas deportivas-recreativas; características físicas de la traza (firme, longitud y desnivel); acceso; iluminación; fuentes; aseos y duchas; áreas de descanso; papeleras-contenedores; puentes-pasarelas-túneles y miradores-observatorios paisajísticos.

d. Servicios: es interesante conocer que los cicloturistas demandan unas necesidades muy concretas: alojamientos con almacén para las bicis, el transporte público debe estar adaptado para llevarlas, restaurante con menús para cicloturistas, minitaller y zona de lavado de bicis, etc. Funcionan muy bien los conocidos como "centros BTT", típicos en Europa y en algunas VV del norte de España.

Entre los servicios complementarios podemos nombrar los puntos de información-centro de visitantes; bar-restaurante; alojamiento turístico; comercios; alquiler bici/caballos; transporte público; empresas de servicios deportivos, turísticos y/o ambientales.

e. Promoción: se trata de una acción fundamental para comercializar las VV, realizándose a través de la publicidad; imagen corporativa; web y redes sociales; press trip y fam trip; jornadas de formación; eventos; concursos y merchandising.

f. Órgano gestor: los entes gestores no sólo son necesarios para la puesta en marcha de una VV, sino también para evitar los perjudiciales -pero demasiados habituales- "tiempos muertos" (Aycart y Hernández, 2007, p.24; MITC, 2008, p.62; Hernández, Aizpurúa y Aycart, 2011, p.15) que se producen desde que el vial está abierto hasta que existe un organismo que dinamice dicho itinerario. Esta entidad debe ser específica para la VV; con recursos humanos, económicos y materiales y un órgano preocupado.

Un reto de futuro planteado por el programa nacional de VV es la creación de un club de producto turístico vías verdes, según Aycart (2011). Ya en el año 2008 se presentó el estudio "creación del producto cicloturismo en vías verdes" (MITC, 2008), intentos de esto son el "pasaporte de vías verdes" a nivel nacional o la "tarjeta verde de la VV de la Sierra".

4. PERFIL DE LAS EMPRESAS DE TURISMO ACTIVO QUE TRABAJAN EN LAS VÍAS VERDES ANDALUZAS

En los datos mostrados se comparan el estado de las empresas de turismo activo que tienen actividad en las VV en Andalucía y en España. En la primera situación se muestreo a 43 empresas, obteniendo una tasa de respuesta (tr) del 35% y en el segundo caso se muestreo a 13 empresas, obteniendo una tr del 62%; a través de un cuestionario.

Observamos que tanto en Andalucía como en España la forma jurídica de la empresa por excelencia es la de empresa sociedad, con un 73% y un 88% respectivamente. Otra similitud encontrada es que en los contratos a tiempo completo y a tiempo parcial el número de trabajadores más frecuente es de tres o más trabajadores.

Las primeras diferencias entre Andalucía y el resto de España las observamos en que las empresas andaluzas trabajan en una vía verde (73%) y las españolas trabajan en más VV; por ejemplo en dos vías verdes un 37%, en tres vías verdes un 13% y en más de cuatro un 25%. Las empresas andaluzas se auto clasifican principalmente como empresas que su actividad comercial es preferentemente fuera de la/s vía/s verde/s, aunque de manera esporádica ofrece servicio/s en ésta/s (40%); en cambio, las españolas se enmarcan en empresas que su actividad comercial es preferentemente en la/s vía/s verde/s, aunque de manera habitual ofrece servicio/s fuera de ésta/s (38%). Las empresas andaluzas lo que más ofrecen en las VV son senderismo (28%) y cicloturismo (27%) y, las españolas, se caracterizan por alquiler de bicicletas (28%) y otros servicios (39%). El 80% de las empresas andaluzas no trabajan con turoperadores; sin embargo, el 62% de las españolas sí trabajan con mayoristas; siendo éstos de Alemania (33%) y otros países europeos (33%), en Andalucía; y de Alemania (25%), Norteamérica (25%) y otros países europeos (25%), en España.

Respecto a la temporada alta, se observan que el tipo de día en Andalucía es mayoritariamente en fines de semana (40%), y en España, es en días festivos/puentes (25%) -aunque es preciso decir que se obtuvieron un 25% de datos perdidos-; respecto a en qué momento del día en Andalucía es principalmente por la mañana (33%) y en España, es todo el día (50%). En cuanto a qué estación es la más demanda, tenemos que en Andalucía el 46% de las empresas señalan más en primavera, seguido por un 33% que hablan de en cualquier estación; para las empresas españolas afirman en un 25% más en primavera y un 25% más en verano.

Otra semejanza encontrada está en el valor que las empresas le conceden a los servicios ofrecidos en las VV en la facturación total del año 2011; las andaluzas afirman en un 46% que obtuvieron menos del 25% y, las españolas, igualmente, señalan en un 50% menos del 25%. Aunque los ítems entre el 26% al 50% y más del 76% son mayoritarios en las empresas españolas y el ítem ningún porcentaje es menor en las empresas españolas.

5. PERFIL DE LOS USUARIOS-VISITANTES DE LAS VÍAS VERDES ANDALUZAS

Los resultados presentados a continuación surgen de la tesis doctoral "análisis del modelo de uso-visita de los deportistas-turistas

74

de las vías verdes acondicionadas andaluzas", la cual estudio las 15 VV existentes en el otoño del 2010. Muestreando (con cuestionario) a 457 sujetos en destino y bajo el prisma de la demanda, con un error muestral de ±4,68%, a un nivel de confianza de 95,5% (2σ) y una desviación típica p/q= 50%.

El perfil sociodemográfico de la población viaverdista es la de hombre (77,7%) de entre 36 a 50 años (38,9%) cuya procedencia es nacional-local (63,89%), en estado de casado-conviviendo (68,3%), trabajador (59,5%), con estudios de primaria (30,2%) y no discapacitado (96,5%), el cual se desplaza andando (47%) o en bicicleta (45,3%) y va acompañado (57,6%). Emplea su tiempo libre en realizar deporte (47,5%), presenta un elevado interés por visitar otras VV (85,3%), aunque la principal característica para elegir la VV es la cercanía a su domicilio (44,2%) y el motivo para usar la VV es practicar deporte (50,5%).

El 36,1% de los viaverdistas andaluces han visitado otras VV en Andalucía, organizan el uso por su cuenta (86%), acompañados por sus amistades (62,4%), mayoritariamente la visita en cualquier día (43,6%) y/o en fines de semana (42,8%), generalmente por la mañana (44,1%) y en cualquier estación (76,2%). El deporte más practicado en las VV es el ciclismo (61,9%), seguido de caminar (57,5%) y el material deportivo empleado es personal (62,8%). El turismo activo es el más practicado (41,1%), entre los visitantes (53%) lo que más abunda son los excursionistas (40,9%); hay un 60,8% de deportistas-turistas que no hacen gasto alguno y de aquellos que sí lo realizan, el rango principal está entre 1 a 50 € (37,4%), de éstos un 5,9% gastan de media 5€.

La información obtenida sobre estos viales se realiza principalmente por residir en la zona (54,9%), los usuarios-visitantes están bastante satisfechos (55,8%) y recomendarían su uso-visita (99,3%). Se observa que la población menor de 50 años muestra una querencia hacia no pernoctar en sus visitas a las VV; en cambio los mayores de 51 años tienen una inclinación hacia no visitar otras VV. Los visitantes que se desplazan en pareja o en grupo presentan propensión a ser excursionistas y aquellos que se mueven solos tienden a no visitar otras VV. Quien está entre 25 a 35 años tiene más tendencia (49,1%) a consumir turismo activo en las VV y aquellos que se desplazan en grupo son los que más consumen turismo activo (57,5%); en cambio, el turismo cultural es más practicado por aquellos que van en pareja (7%).

Se han hallado dos grandes grupos en las VV andaluzas: viaverdistas senderistas (47%) y los viaverdistas ciclistas (53%); cada clan con intereses y motivaciones distintas, los que más turismo (turismo rural y turismo activo) y más gasto realizan son los ciclistas. El primer colectivo se caracteriza por ser mujer, de edades superiores a 51 años, con estudios inferiores y se mueven en solitario o con su animal de compañía; sin embargo, el segundo, son hombres, de edades inferiores a 50 años, con estudios superiores y se desplazan acompañados.

6. ANÁLISIS DAFO DE LAS VÍAS VERDES ANDALUZAS

6.1. Debilidades

a. *Órganos gestores*: la heterogeneidad en la tipología de entes gestores de VV andaluzas provocan disparidades en la gestión, mantenimiento, presupuestos, recursos humanos, etc. En Andalucía, tenemos representados todos los modelos de órganos de gestión de VV: ayuntamiento, diputación, consorcio, fundación, mancomunidad y parque natural. Señalar, que la gestión realizada por la administración local se hace desde las más dispares concejalías: urbanismo, turismo, medio ambiente, deporte y/o cultura.

b. *Longitud*: el estudio desarrollado por MERCODES (MITC, 2008), para estudiar la creación de un producto de cicloturismo en las VV españolas, afirma que "la longitud de recorrido debe estar como mínimo en torno a los 50 kilómetros, siendo la longitud idónea en torno a los 100 km." (MITC, 2008, p. 22). Atendiendo a las características propias de las VV andaluzas y a las experiencias empresariales existentes, la longitud puede bajarse a 20 kilómetros;

aún así, la mayoría de las VV acondicionadas (70%) son cortas. No obstante, el cicloturismo puede desarrollarse en otras VV de menor longitud al sumarle los kilómetros de los tramos de VV no acondicionadas, senderos, carriles bici, etc. que están anexados a estas VV acondicionadas. Asimismo, existen otros servicios turísticos que pueden desarrollarse en VV largas y cortas, dígase senderismo, rutas ecuestres, etc.

c. *Desconocimiento del concepto*: el concepto de "vía verde" en nuestra comunidad autónoma es poco conocido, según Luque (2011), cuando se les pregunta a los usuarios-visitantes de las VV andaluzas por ¿con qué asocian el término de "vía verde"?, la mayoría de los casos lo identifican con destino deportivo (31,9%) y naturaleza (31,7%); cuando lo oportuno hubiera sido identificarlo con infraestructura no motorizado (10,5%) o con recuperación de la vía del tren en desuso (14,7%).

d. *Demandas en infraestructuras-equipamientos, servicios y vigilancia:* los usuarios-visitantes de las VV andaluzas, según Luque (2011), indican la necesidad de mejorar determinadas infraestructuras-equipamientos de las VV (puntos de agua, aseos y duchas, señalización para acceder a la vía verde e iluminación), servicios complementarios (puntos de información-centro de visitantes, alojamiento turístico, comercio de productos típicos o recuerdos, puntos de alquiler de bicicletas, transporte público y empresas de turismo activo, servicios deportivos y/o educación ambiental), zonas deportivas y recreativas (zonas de escalada, de orientación deportiva y espeleología y áreas deportivas, de juegos infantiles y de mantenimiento físico), así como la demanda de mayor presencia de servicios de vigilancia.

e. *Señalización y denominación:* existe un manual de señalización de VV que nos dice "de este modo, todas las Vías Verdes españolas quedan claramente identificadas como elementos integrantes de un mismo Programa nacional, lo cual refuerza su identidad, percepción por los usuarios, atractiva y demanda inducida" (FFE, 2002, p.1). Aunque advertimos que no todas las VV andaluzas cumplen con estas normas de señalización; entre las razones está que el propio MARM a través de su programa de "caminos naturales" está utilizando una señalización y denominación propia; no respetando el espíritu de VV, y confundiendo a los usuarios-visitantes que utilizan tanto caminos naturales como VV; además de no respetar el acuerdo tomado el 3 de septiembre de 2003, entre el propio ministerio y la comisión de promotores de VV (vid. las fotos siguientes).

Gráfico 4. Fotos: Izquierda, VV de la Sierra (Cádiz-Sevilla) y Derecha, VV de la Campiña I (Córdoba).

Además de heterogeneidad en la señalización, también existe incoherencia en la denominación para la misma infraestructura no motorizada, según el organismo que se consulte; e incluso, dentro de la misma entidad, según qué medio se revise, observamos nombres distintos. Conclusión a la que también llegó el estudio de MERCODES (MITC, 2008).

f. *Legislación-ordenanzas*: ante la ausencia de norma de rango superior, los órganos gestores han creado una legislación específica, esta norma suele ser una "ordenanza reguladora de uso y funcionamiento de la VV". Ésta, es elaborada a voluntad del ente gestor, por tanto, no todos los viales están auspiciados bajo una norma que regule su uso, funcionamiento, mantenimiento, gestión, etc. La función de policía y vigilancia, cuando se hace, se realiza con personal propio (por medio de las patrullas verdes) o por las fuerzas y cuerpos de seguridad del estado (normalmente SEPRONA).

g. *Intermodalidad sostenible*: es decir, la conexión de las VV con otros transportes, es una de las cuentas pendientes. A nivel europeo es algo cotidiano, por ejemplo en Austria y Francia; sin embargo, en España tenemos escasos ejemplos: metro+VV en la VV del Tajuña, el bus+VV es una realidad en las VV de Cataluña y el tren+VV lo encontramos en Asturias, Cataluña, Valencia y País Vasco. En Andalucía los únicos casos similares lo hallamos en la VV de la Sierra Norte de Sevilla donde es posible la conexión de esta infraestructura con la parada de trenes de la estación de Cazalla de la Sierra, en las VV de la Sierra, del Aceite y de la Subbética por medio de ciclo-taxi y en la VV no acondicionada del Litoral con su conexión con la estación de ferrocarril de Gibraleón; iniciativas que sería deseable que cundieran a otras VV.

6.2. Amenazas

a. *Organización del deporte*: según la última encuesta de hábitos deportivos de los españoles del 2010 (CIS, 2010), el 75% de los españoles realizan deporte por su cuenta.

b. *Bicicleta en los hogares españoles*: esta mismo estudio revela que el artículo deportivo mayoritario en los hogares españoles es la bicicleta de adulto con un 58% y la bicicleta de niño con un 36% (CIS, 2010). En Andalucía en el 71,81% de los hogares hay una bicicleta (ODA, 2009). El barómetro de la bicicleta en España 2010 (Fundación ECA Bureau Veritas, 2010) nos dice que el 75% de los españoles, al menos tiene una bicicleta en casa; aunque la media de bicicletas que los españoles tienen en su casa es de dos. La encuesta de movimientos turísticos de los españoles 2009 (Familitur) indica que la bicicleta convencional (20,5%) y la bicicleta de montaña (18,7%) son mayoritarias en los hogares españoles.

c. *Situación económica*: la situación de crisis en la que vivimos puede hacer que se reduzcan la rehabilitación o construcción de nuevos tramos de VV, menor presupuesto para el mantenimiento y/o presencia de recursos humanos, etc.

6.3. Fortalezas

a. *Era postmoderna*: ésta se caracteriza por ser una sociedad postindustrial, de servicios, tecnológica, de ocio y tiempo libre, preocupada por el medio ambiente, que busca la igualdad de la mujer, sociedad de la globalización, etc. (Águila, 2007; Olivera y Olivera, 1995a). El mundo rural español experimenta desde hace tres décadas importantes transformaciones en los ámbitos socioeconómico, cultural y político (González y Moyano, 2007); éste hacía la función de almacén de las ciudades; en cambio, en la actualidad está asumiendo la responsabilidad de conservar el medioambiente y de convertirse en espacio de ocio y de actividades turísticas y deportivas (Lagardera, García Ferrando y Latiesa, 2009; Luque, 2006a; Moyano, Garrido y Moscoso, 2004; Moscoso, 2008; Rodríguez, 1994). Así pues, se observa un cambio de orientación materialista/moderna a postmaterialista/postmoderna (García Ferrando, 2006b; Rivera, 2010); en el año 2010 el 45% de los ciudadanos de España desarrollaban sus actividades deportivas en espacios abiertos públicos: parque, calle, campo, mar, lago, pantano, río, montaña,... en el año 1990 el uso de estos espacios era del 19% (CIS, 2010).

b. *Marca "vía verde"*: está reconocida a nivel internacional por la sociedad, en España dicha marca está patentada desde 1994 por la FFE y desde entonces el programa nacional ha sido distinguido con premios y galardones nacionales e internacionales.

c. *Características comunes*: como indica Luque (2011), las VV presentan unas características físicas, comerciales y de usuarios-visitantes comunes que le hacen mostrar un producto diferente, novedoso, innovador y sostenible al reutilizar la red ferroviaria en desuso.

d. *Conocemos el perfil de usuario-visitantes de Andalucía*: gracias a la reciente investigación realizada por Luque (2011). Ésta nos dice que el perfil sociodemográfico de la población viaverdista es la de un hombre de edad media cuya procedencia es nacional-local, en estado de casado-conviviendo, trabajador, con estudios de primaria y no discapacitado, el cual se desplaza andando o en bicicleta y va acompañado; además identifica dos claros conglomerados: viaverdistas senderistas y viaverdistas ciclistas, con sus específicas particularidades, motivaciones, hábitos, demandas, etc.

e. *Evolución en el nº de VV*: ha existido una evolución muy positiva en la construcción de VV en España, valga como ejemplo que en mayo del 2011 se recorrían 83 VV acondicionadas (1832 Km. totales) y en noviembre del 2011 ascendían a 96 VV operativas (1907 Km. totales). En Andalucía en los últimos años se ha abierto al público numerosos kilómetros de VV, como vemos en el siguiente gráfico, haciendo de esta región la que más aporta al programa nacional de vías verdes con aproximadamente 370 Km., lo que representa en torno a un 20% de la red nacional.

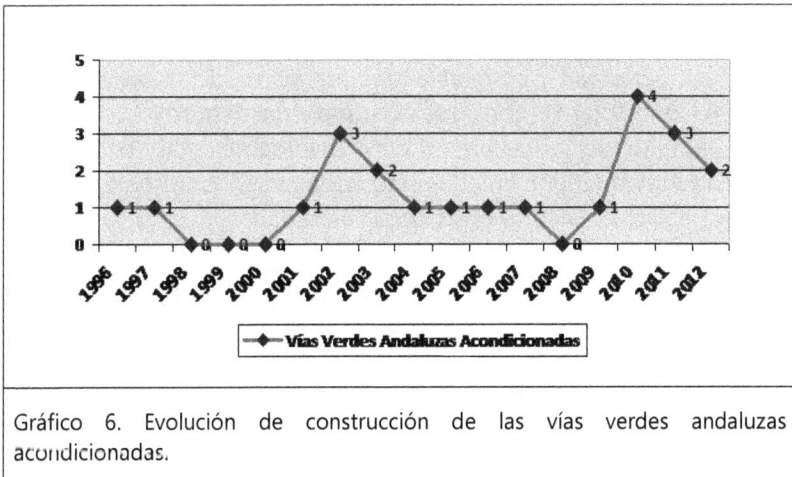

Gráfico 6. Evolución de construcción de las vías verdes andaluzas acondicionadas.

f. *Sinergias con la promoción*: la información y promoción homogénea de las VV a través de la web del programa nacional de VV, asistencia a ferias de muestras, organización de foros, folletos, presencia continua en distintos medios de comunicación y redes sociales, etc. produce sinergias positivas en cada una de las VV. Valga como ejemplo que la web "www.viasverdes.com" recibió en 2010 más de 500.000 visitantes distintos (Hernández, Aizpurúa y Aycart, 2011) y en la actualidad hay publicados 12 anuncios de empresas que comercializan el producto VV, ofertándose unos 40 paquetes turísticos.

g. *Desestacionalizan la oferta*: los usuarios-visitantes de estas infraestructuras no motorizadas en Andalucía indican que el 76,2% las utilizan en cualquier estación (Luque, 2011), confirmando la tesis de que las VV son magníficos ejemplos que contribuyen a la desestacionalización del turismo (MITC, 2008; Hernández, Aizpurúa y Aycart, 2011), lo que nos indica que el potencial para implantar servicios complementarios en las mismas es óptimo. La práctica del cicloturismo a nivel nacional es habitual en las cuatro estaciones para el 46,3% de los ciclistas encuestados en las VV, y el mismo trabajo afirma que la asistencia a las VV españolas se distribuye entre las estaciones en porcentajes muy cercanos: verano 33%, primavera 32%, otoño 22% e invierno 13% (MITC, 2008).

h. *Desarrollo sostenible-dinamización del entorno*: la sostenibilidad total se consigue buscando un desarrollo sostenible en el ámbito social, económico y medioambiental, como nos recuerda Araujo (2009). En el ámbito social, son infraestructuras con especial atractivo para la práctica de actividad deportiva lo que ha mejorado las condiciones de vida de las poblaciones anfitrionas. Las VV son ideales para el desarrollo de una movilidad urbana sostenible y son infraestructuras creadas bajo las premisas de universalidad y accesibilidad. Entre los valores propios de éstas se encuentra la puesta en valor y recuperación del paisaje industrial que le es propio al sector ferroviario.

En el aparatado económico, han sido la excusa perfecta para fijar políticas activas de empleo (escuelas talleres, casas de oficio,

PER, PROFEA,...); además de la permanente oferta formativa para el empleo que desarrollan los entes gestores. Estos viales no motorizados generan una dinamización socioeconómica allá donde se crean desde su origen con la creación de la entidad gestora hasta el día a día con la apertura de servicios, mantenimiento, etc.

En lo medioambiental, estas líneas no solo recuperan entornos ambientalmente degradados sino que en sus fases de diseño y ejecución se reducen los posibles impactos ambientales negativos. Éstas hacen de corredor ecológico; al mismo tiempo que son perfectos recursos para actividades de educación ambiental.

6.4. Oportunidades

a. *Futuro de las VV:* el futuro es prometedor al existir 15 propuestas de VV en Andalucía; en esta región actualmente quedan más de 1300 kms. de vías ferroviarias en desuso, número de kilómetros que aumentarán con la construcción de las nuevas líneas de alta velocidad y posterior abandono de las líneas ferroviarias sustituidas por aquéllas. El Adif es titular de 4006 kilómetros de líneas cerradas o de construcción abandonada en España, sumando una superficie de casi 71 millones de m².

b. *Programas y entidades*: la existencia de programas y organismos preocupados por la promoción, construcción, defensa, etc. de viales no motorizados aportan de nuevo un futuro esperanzador: programa nacional de vías verdes (desde 1993), plan caminos naturales (desde 2004), proyecto vías de empleo verde (desde 2009), observatorio de caminos naturales e itinerarios no motorizados (desde 2011), asociación europea de vías verdes (desde 1998) o asociación andaluza de vías verdes (desde 2011).

c. *Nuevos nichos de mercado*: alrededor de 3,5 millones en España son discapacitados, a lo que se pude unir la población de personas mayores, ya que la población de más de 65 años prácticamente habrá duplicado su proporción relativa sobre el total de la población entre 2005 y 2050 según el INE, en este periodo pasará de ser del 16,8% a 30,8% de la población. Es un segmento considerado como "multicliente", el estudio de PREDIF (2004) revela que el 92% viajan acompañados. Esta población reduce la estacionalidad del sector turístico debido al elevado número de personas con discapacidad que no tiene responsabilidades laborales, según Eurostat el 51% de este segmento de población es laboralmente inactivo y obtiene sus ingresos de pensiones de invalidez, jubilación y otras ayudas.

En el ámbito escolar, sirva como dato interesante que en el año 2010, la Fundación de la Vía Verde de la Sierra movilizó a 57 grupos de escolares que, a razón de unas cincuenta personas por grupo, alcanza un volumen de 2850 escolares realizando actividades de educación ambiental (Hernández, Aizpurúa y Aycart, 2011). El potencial educativo ha quedado demostrado por diversos autores (Contín y Mondéjar, 2005; Cuellar, Jiménez y Martínez, 2002; Hernández, 2008; Martínez, Hortal y Ballester, 2009 y Luque, 2010 y 2011).

Atendiendo a los datos expuestos anteriormente, sabemos que los extranjeros son un potencial que hemos de acercar a las VV; a modo de ejemplo señalar que Alemania presenta 62 turoperadores que operan en España en el ámbito del turismo en la naturaleza (Turespaña, Maier, 2012), y Holanda, tiene 8 mayoristas con circuitos en bici en nuestro estado (Turespaña, Muñoz, 2007).

d. *Descenso en el nº de visitas a los ENP*: la caída generalizada de visitas a los ENP permite que las VV sean una alternativa universal y más accesible para acercarse al medio natural a realizar actividades deportivas-turísticas. Los parques naturales y parques nacionales de España perdieron medio millón de visitantes respecto al año anterior (Eroski Consumer, 2010), el 36% de los 137 parques naturales españoles y el 50% de los 14 parques nacionales perdieron visitantes. Andalucía es la comunidad autónoma que cuenta con mayor número de parques naturales (24), alcanzando en 2010 un total de 1.633.124 visitantes (incluidos los visitantes de Doñana y Sierra Nevada, ya que además de parques nacionales son también parques naturales), señalando que aproximadamente el 60% de las visitas a los parques andaluces se producen a Doñana y Sierra

Nevada, según afirma el estudio de Eroski Consumer (2010). Pero al igual que en España, la tónica general es de descenso de turistas en los ENP: en el 2010 se desciende a un total de 1.769.292, según las estadísticas de la Consejería de Medio Ambiente y de la Red de Parques Nacionales.

e. *Accesibilidad en las VV*: el 83,33% de los parques naturales y el 100% de los parques nacionales andaluces presentan algún espacio con una superficie habilitada para que puedan transitar personas con movilidad reducida y su centro de interpretación, si es que cuenta con éste, está habilitado. Lo que supone un punto de mejora para estos espacios. Por el contrario, las VV, gracias a sus desniveles y tipos de firmes, presentan casi al 100% una correcta accesibilidad para desplazamientos de movilidad reducida, aunque no así en los edificios ferroviarios rehabilitados para restaurantes, alojamientos, centros de visitantes, etc. Esta accesibilidad en las VV no sólo se ha de considerar en la construcción de las infraestructuras y equipamientos anexos, valga de muestra la VV de la Terra Alta que está perfectamente adaptada (firme, señalización, seguridad pasiva y publicidad) a los discapacitados visuales (Hernández, Aizpurúa y Aycart, 2011), sino que también es preciso la dotación de elementos adaptados como las handbikes para que discapacitados físicos puedan recorrer las mismas. Esto fue entendido por la empresa Sanitas que en el año 2010 donó treinta bicicletas adaptadas a la Fundación También, que a su vez con la colaboración de la FFE las repartieron entre diez VV españolas, en Andalucía se localizan en la VV del Aceite y VV de la Sierra; además esta última en el año 2007 compró ocho bicicletas eléctricas para los usuarios-visitantes que las precisaran. Estas adaptaciones permiten salir a las personas discapacitadas del aislamiento, ofreciéndoles espacios seguros, agradables y confortables para sus desplazamientos cotidianos y para realizar deporte y turismo (AEVV, 2000).

f. *Necesidad de viales no motorizados*: las ciudades presentan un problema de transporte urbano seguro y protegido; en torno a dos tercios de los accidentes de carretera y un tercio de sus víctimas se producen en zona urbana y afecta a los usuarios más vulnerables.

El riesgo de morir en un accidente de tráfico es seis veces más alto para los ciclistas y peatones que para los automovilistas; y de éstos, las víctimas suelen ser mujeres, niños/as y ancianos/as (CCE, 2007). El 61,7% de la población española cree que los vehículos no son respetuosos con los ciclistas (Fundación ECA Bureau Veritas, 2010). Las VV son viales no motorizadas y por tanto, el riesgo de accidente de tráfico es mínimo. En este sentido, el primer lugar de preferencia para los cicloturistas nacionales son las VV con un 32,8% de la población (MITC, 2008).

g. *Necesidad de empresas de turismo activo*: analizando el registro de turismo de Andalucía, en su apartado de turismo activo, de las 646 empresas registradas (a fecha del 16 de febrero de 2012), según la Consejería de Turismo, Comercio y Deporte de la Junta de Andalucía, tan sólo se observan 38 (5,89%) empresas ubicadas en 20 localidades que tienen relación geográfica con 14 VV acondicionadas andaluzas. Sin embargo, mientras en Andalucía hay pocas empresas relacionadas con las VV, aprovechan nuestros recursos turísticos empresas nacionales e internacionales. De las 15 VV estudiadas por Luque (2011), el sector de alquiler de bicicletas se halló in situ en la VV de Lucainena y VV de la Sierra y, en otras dos existen empresas que arriendan bicicletas pero no están presentes en las mismas, es el caso de la VV de la Subbética y VV de Sierra Norte de Sevilla. En el 2012 se ha instalado una nueva empresa en la propia VV de la Subbética.

MERCODES (MITC, 2008), igualmente, concluye la escasez de oferta de empresas de turismo activo en estos viales no motorizados, afirmando que "existe un amplio margen para la mejora" (MITC, 2008, pp.43-44).

h. *Relación positiva entre VV y ENP*: se trata de una simbiosis muy interesante que se debe aprovechar, muchos más si el ENP está adherido a la Carta Europea de Turismo Sostenible (CETS) o es un Geoparque. En la encuesta realizada por la Consejería de Medio Ambiente en el parque natural de la Sierra Norte de Sevilla (2007), resulta que la VV es el equipamiento de uso público más visitado; asimismo, el tercer principal objetivo de la visita a este ENP está

NUEVOS RETOS PARA LAS EMPRESAS DE TURISMO ACTIVO

conocer este vial no motorizado. Entre los usuarios de la VV del Aceite (Jaén) se observa como el 20,1% conocen la reserva natural de la Laguna Honda (ESECA, 2005). El tramo más visitado en la VV de la Sierra (Cádiz-Sevilla) es el acotado entre el monumento natural "Chaparro de la Vega", estación de Coripe y la reserva natural "Peñón de Zaframagón" y como último ejemplo tenemos que de las VV de Girona, la más utilizada es aquella que está junto al parque natural de la Zona Volcánica de la Garrotxa, la V.V. del Carriltet Olot-Girona (Hernández, Aizpurúa y Aycart, 2011). Andalucía es una región privilegiada en la relación directa e indirecta entre VV (acondicionadas y no acondicionadas) y ENP y, esta relación es muy poco promocionada y comercializada.

i. *Turismo ornitológico*: nuestras VV presentan una magnífica oportunidad para desarrollar birdwatching, ya que contamos con una vinculación directa entre estas líneas no motorizadas y las important bird areas (IBAs), catalogadas por la SEO/BirdLife. En Andalucía se pueden relacionar 10 IBAs con 11 VV andaluzas acondicionadas, siendo nuestro territorio una de las regiones con más VV "pajareras". Esto bien lo saben SEO/BirdLife y la FFE, los cuales firmaron en 2009 un convenio de colaboración para fomentar el conocimiento, aprecio y respeto a las aves y a la naturaleza en general a través de las VV como recurso idóneo de acceso a la naturaleza. A modo de ejemplo hay que reseñar que el centro de interpretación y observatorio ornitológico-Peñón de Zaframagón, situado en la antigua estación de Zaframagón frente a la reserva natural del mismo nombre, en la VV de la Sierra, es visitado por 15.000 personas al año para visualizar en directo y conocer aspectos, entre otros, del buitre leonado.

Según el estudio de la demanda de turismo ornitológico con destino Extremadura (MITC, 2007), el 63% de la muestra ha realizado turismo ornitológico al menos una vez al año y de ellos, el 21% más de dos veces al año y este mismo análisis nos revela el perfil del turista ornitológico español y extranjero, como expone López (2008). El origen de los visitantes extranjeros birdwatcher son principalmente de Gran Bretaña, norteamérica (Estados Unidos y

Canadá) y los países nórdicos (Noruega, Finlandia,...), Holanda y Suiza.

j. *Proximidad de las VV a la costa*: Andalucía cuenta con una clara dimensión marítima, su litoral se reparte entre dos cuencas marinas: atlántico y mediterráneo. La franja costera andaluza tiene una longitud de costa de 1101 km. fraccionado en la costa de la luz, costa del sol, costa tropical y costa almeriense. Nuestra comunidad autónoma es un destino turístico eminentemente de "sol y playa", así lo confirma el BATA (CTCD, 2011) al indicar que el 62% de nuestros turistas visitan el litoral andaluz. Las VV andaluzas, en su mayoría están cerca de las distintas costas, como vemos en el gráfico, lo que ayudaría a atraer estos turistas a visitar estos viales.

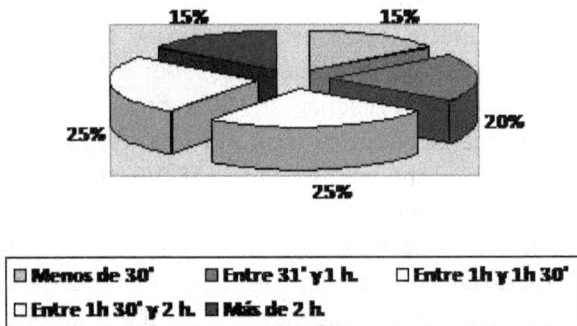

Gráfico 7. Vías verdes andaluzas acondicionadas y Tiempo de recorrido a las costas andaluzas.

7. CONCLUSIONES

Para finalizar podemos concluir que Andalucía se presenta como una región turística, tanto para viajes internos como para extranjeros. Encontramos diferencias entre el perfil de empresa de turismo activo en VV de España y Andalucía. Existe margen de mejora para utilizar las VV como un producto turístico. El perfil del turista activo en España es similar al perfil del viaverdista en Andalucía, identificándose dos grupos de usurarios-visitantes en las

VV andaluzas: viaverdistas senderistas y viaverdistas ciclistas, cada uno de ellos con sus características. En el análisis DAFO pesan más los aspectos positivos, estando las potencialidades de las VV andaluzas aún por explotar.

8. BIBLIOGRAFÍA

ASOCIACIÓN EUROPEA DE VÍAS VERDES -AEVV- (2000). Guía de buenas prácticas de vías verdes en Europa: ejemplos de realizaciones urbanas y periurbanas. Madrid: Asociación Europea de Vías Verdes.

AYCART, C. (2011). Desarrollo sostenible y empleo en las vías verdes [en línea]. En Fundación de los Ferrocarriles Españoles, Seminario "Intercambio de buenas prácticas en materia de vías verdes y creación de empleo", noviembre 2. Consulta: 5 de marzo de 2011. Disponible en: http://www.viasverdes.com/pdf/foromadrid2011/caycart_ffe.pdf

AYCART, C. Y HERNÁNDEZ, A. (2007). Caminos naturales-vías verdes su adecuación al desarrollo rural sostenible. Madrid: Dirección del programa Vías Verdes. Fundación de los Ferrocarriles Españoles.

CONSEJERÍA DE TURISMO, COMERCIO Y DEPORTE (2011). Balance del año turístico en Andalucía, 2010 [en línea]. Consulta: 3 de marzo de 2012. Disponible en:http://www.juntadeandalucia.es/turismocomercioydeporte/export/sites/ctcd/archivos/estadisticas/estadisticas-oficiales-de-ctcd/Balance_del_axo_turistico_en_Andalucia_2010.pdf

DECRETO 20/2002, de 29 de enero, de Turismo en el Medio Rural y Turismo Activo (BOJA, n° 14, 2 de febrero de 2002).

EROSKI CONSUMER (2010). Parques naturales, parques nacionales y reservas de la biosfera. Guía práctica [en línea]. Consulta: 20 de febrero de 2012. Disponible en: http://parquesnaturales.consumer.es/en-resumen/

FUNDACIÓN ECA BUREAU VERITAS (2010). Barómetro anual de la bicicleta España 2010 [en línea]. Consulta: 10 de octubre de 2010. Disponible en: http://www.fundacionecabv.org/sites/default/files/BarometroA nualBicicleta_Espan-a_0.pdf

HERNÁNDEZ, A., AIZPURÚA, N. Y AYCART, C. (2011). Desarrollo sostenible y empleo en las vías verdes. Madrid: Fundación de los Ferrocarriles Españoles.

INSTITUTO DE ESTUDIOS TURÍSTICOS (2010). Familitur, encuesta de movimientos turísticos de los españoles [en línea]. Consulta: 25 de febrero de 2011. Disponible en: http://www.iet.tourspain.es/es-ES/estadisticas/familitur/Anuales/Informe%20anual%20de%20 Familitur.%20A%C3%B1o%202010.pdf

INSTITUTO DE ESTUDIOS TURÍSTICOS (2010). Frontur, encuesta de movimientos turísticos en fronteras. Egatur, encuesta de gasto turístico [en línea]. Consulta: 25 de febrero de 2011. Disponible en: http://www.iet.tourspain.es/es-ES/estadisticas/frontur/Anuales/Movimientos%20Tur%C3%AD sticos%20en%20Fronteras%20(Frontur)%20y%20Encuesta%20 de%20Gasto%20Tur%C3%ADstico%20(Egatur)%202010.pdf

LUQUE, P. (2011). Análisis del modelo de uso-visita de los deportistas-turistas de las vías verdes andaluzas. Tesis Doctoral. Córdoba: Juan de Mairena y de Libros.

LOPEZ, J. (2008). El turismo ornitológico en el marco del postfordismo, una aproximación teórico-conceptual. Cuadernos de turismo, 21, 85-111.

MINISTERIO DE INDUSTRIA, TURISMO Y COMERCIO (2008). Consultoría y asistencia para la creación del producto cicloturismo en vías verdes [en línea]. Consulta: 8 agosto de 2010. Disponible en: http://www.viasverdes.com/pdf/docinteres/estudio_productoci clotur_vv08.pdf

CAPÍTULO 5.
CREACIÓN Y DINÁMIZACIÓN DE SENDEROS EN ENTORNO TRANSFRONTERIZO: EL CASO DEL PAÍS VASCO

Prof. Dr. Jean-Baptiste Harguindéguy
Facultad de derecho. Área de Política
Universidad Pablo de Olavide de Sevilla

Prof. Juan Bosco Govantes Romero
Facultad de derecho. Área de Política
Universidad Pablo de Olavide de Sevilla

1. INTRODUCCIÓN

La creación y dinamización de senderos se encuentra en el cruce entre el desarrollo económico, la protección del medio ambiente, la planificación de actividades deportivas y el ocio informal.

Quizás por ello se trata de una actividad que puede resultar compleja ya que supone poner de acuerdo a varios actores a nivel local (empresas de deportes al aire libre, ayuntamientos, Oficinas de turismo, hoteles, propietarios potencialmente afectados por el tránsito de los senderistas...) y estatales (guías turísticas, federaciones deportivas, ministerios de medio-ambiente y de turismo...). Esta tarea se complica aún más cuando se trata de realizar proyectos lúdico-deportivos entre dos Estados ya que el número de actores implicados se suele multiplicar por dos.

Este estudio pretende analizar y comparar la implementación de dos proyectos de creación y dinamización de senderos en la frontera vasca, a caballo entre España y Francia. En este sentido, intenta responder a una pregunta aparentemente muy simple pero en realidad muy compleja: ¿Cómo poner en marcha senderos transfronterizos de forma eficiente? Y ¿cuáles son las claves del éxito?

Para contestar a esta interrogación, este estudio se centrará primero en el marco analítico necesario para entender la acción colectiva institucional en Europa. A continuación presentará el fenómeno de la práctica de senderos en Europa. Finalmente, comparará dos iniciativas de senderos transfronterizas en el País Vasco antes de concluir.

2. LA CREACIÓN Y DINAMIZACIÓN DE SENDEROS EN EUROPA: UN MOVIMIENTO IMPARABLE

2.1. Montar un proyecto de senderos: un proceso complejo

Hasta los años 1980, la marcha en senderos no era considerada una práctica deportiva "como las demás", en gran parte por la informalidad que suponía. No existían clubes deportivos tan estructurados como los que se suelen encontrar en el ámbito de los deportes colectivos; tampoco existía un sistema de licencia y de seguro específico para canalizar este deporte; y los caminos usados no estaban señalados. En otras palabras, la marcha no constituía una demanda social que los poderes públicos tuvieran que encauzar. Se trataba simplemente de una actividad esporádica practicada por una población urbana minoritaria y atraída por el medio natural.

Sin embargo, hoy en día, millones de turistas recorren Europa cada año caminando, a caballo, o en bicicleta. Este auge de la frecuentación ha obligado a los operadores públicos de las zonas rurales a organizarse para poder proporcionar un servicio de calidad si querían beneficiarse de este fenómeno. Existe una importante competencia entre circuitos pedestres para atraer a este tipo de turismo, especialmente en zonas fronterizas donde ambos lados de la frontera puede proporcionar servicios parecidos (Felsenstein y Freeman, 2001, 511-521). Por ello, se trata de un ámbito deportivo-turístico en evolución constante que propone prácticas innovadoras cada año.

El aspecto más importante de este proceso de "profesionalización" de los senderos rurales es que los actores locales han entendido que para poder competir en buenas condiciones tenían que proponer "algo más" que un simple paseo por el bosque a los visitantes. Desde los años 1990, las autoridades locales y regionales de toda Europa han entendido todo el beneficio que podían sacar de su entorno natural y cultural y se esfuerzan para promover su territorio en el mercado deportivo-turístico. Todo ello se puede resumir a cuatro tipos de acciones concertadas (Cahier de l'Innovation, 2001):

- Fijarse en un nicho de mercado: es decir un tipo de clientela en lugar de querer abarcarlo todo. Dicho segmento puede ser constituido por las familias, los practicantes de deportes extremos, los turistas de ciertos países, etc. Un estudio de mercado previo suele ser recomendable antes de lanzarse en un proyecto para no dilapidar recursos públicos. La mejor herramienta sigue siendo la encuesta por cuestionario en los parkings, hoteles y campings y a lo largo de los senderos para descubrir las motivaciones y las costumbres de los turistas. Los flujos pueden ser calculados a través de la ocupación hostelera y con contadores laser en la entrada de los senderos.

- Elaborar un producto completo y coherente: esta fase es fundamental para incrementar la eficacia de un proyecto. Por ejemplo, no es igual visitar unas ruinas en el sur de Francia que visitar unos de los castillos defensivos del "país de Cataros" (García y Genieys, 2005). Los actores locales tienen que hablar a la imaginación de los visitantes elaborando circuitos basados en un tema amplio pero acotado que permita la identificación del territorio con una temática (los senderos de los contrabandistas en la costa bretona, siguiendo los pasos del Conde Drácula en Transilvania, el circuito de los impresionistas en la Provenza, la travesía de las Ardenas en Bélgica, etc.).

- Arreglar los caminos: son la base de todo el proyecto, y por ello es tan importante controlar su estado. Dicho esto, el tipo de clientela que uno quiere atraer va a pesar sobre el tipo de obras a poner en marcha. Existe una amplia gama de soluciones desde el camino corto y circular totalmente reformado y flechado para facilitar el paso de los carritos de bebes y de las sillas de ruedas hasta el camino "falsamente virgen" que impone algunas trabas al turista (subidas, barro, ortigas), que se estira varios kilómetros con pocas indicaciones y que requiere un buen estado físico.

- Proporcionar servicios complementarios: arreglar los caminos pedestres es un primer paso...pero es insuficiente. Las personas que practican la marcha requieren una gama de servicios más diversificados. En función del tipo de clientela que se prevé, los organismos competentes tienen que proporcionar todo lo necesario para el mantenimiento de bicicletas de montaña, establos para los caballos, alquiler de raquetas para caminar en la nieve o exposiciones didácticas sobre el patrimonio local. En todos los casos, un punto de información, guías formados específicamente, redes de productores locales, o la venta de paquetes de actividades a través de las agencias d, e viaje suelen ser apreciados.

2.2. El diseño institucional del proyecto: una necesidad organizativa

Para llevar estos proyectos a cabo, el diseño institucional de los operadores es primordial ya que determinará en gran parte su capacidad de reacción y su capacidad de financiación (Ilbery y Saxena, 2011, 1139-1155). La duración media de estos proyectos suele ser de entre dos y cinco años. Para evitar crisis institucionales durante este tiempo existen varios mecanismos estatales, regional o locales (por ejemplo los consorcios en España). Pero una de las palancas más poderosas a nivel europeo ha sido la creación de Grupos de Acción Local (GAL) en los años 1990 a través de la iniciativa comunitaria LEADER. Pensada en un primer momento como una acción complementaria de desarrollo rural frente a la política agrícola común (más centrada en la producción agrícola), LEADER ha permitido acercar a muchos actores.

Buen ejemplo de ello es el GAL Arbeitskreis Auerbergland en Baviera (Alemania) donde unas 500 personas provenientes de nueve municipios gestionan 800 kilómetros de senderos. En este GAL, dividido en varias comisiones temáticas, se encuentran clubs de marcha, representantes políticos locales y regionales, empresas relacionadas con el turismo activo y empresas de dinamización. Existen numerosos otros ejemplos como el GAL Dorgali en Cerdeña o el GAL West Cornwall cerca del muro de Adriano en Escocia. La principal ventaja de este tipo de colaboración es que permite integrar a muchos actores en un circuito decisional y generar resultados convincentes como el auge de la frecuentación y la protección del patrimonio a través del encauzamiento de los visitantes en determinados senderos.

Estas estructuras no impiden que:

• Se exporten proyectos europeos hacia otros territorios (por ejemplo, la asociación Gran Travesía de los Alpes ha creado una asociación homóloga en Marruecos, la asociación Gran Travesía del Atlas).

• Se multipliquen los contactos entre varias regiones de un mismo Estado (por ejemplo el proyecto Landsker Borderlands entre el País de Gales Inglaterra).

No obstante, estos dispositivos tienen un sesgo importante: en su gran mayoría se trata de mecanismos que funcionan dentro de los límites de un Estado a la vez. Dicho de otro modo, su aplicabilidad en proyectos a caballo en una frontera es muy limitada tal como se explicará a continuación.

2.3. El desarrollo de los senderos transfronterizos en Europa:

Aunque sean todavía poco conocidos, los senderos transfronterizos están creciendo con fuerza en el conjunto del continente y más allá (Timothy, 1999, 182-205; Prokkola, 2007, 120-

138; Cuevas-Contreras y Zizaldra-Hernández, 2008). De hecho, sería más justo hablar de "reactivación" de dicho tipo de senderos que de "creación" ya que la mayoría de ellos existen desde la Edad Media como es el caso del Chemin de Bonshommes (Camino de los Hombres Buenos) que sigue el recorrido del GR 107 de Berga (Cataluña, España) a Foix (Midi-Pyrénées, Francia) o del Sentier du Pays des Trois Frontières (Sendero del País de las Tres Fronteras) entre Francia, Alemania y Luxemburgo.

Los senderos transfronterizos tienen la particularidad de cruzar una o varias veces una frontera internacional entre dos Estados. En este sentido, su presencia en Europa se ha visto reforzada desde la entrada en vigor del Acta Única en 1992 que anula los controles en las fronteras internas de la Unión Europea. Pero este tipo de producto turístico-deportivo se enfrenta a un conjunto de limitaciones específicas como (Leimgruber, 1998, 8-29; Timothy, 1998; Taczanowska, 2004):

- La asimetría jurídica a nivel legal y reglamentario: a pesar de la homogeneización progresiva de las reglas dentro del espacio europeo, todavía quedan matices que limitan la movilidad y entorpecen la acción colectiva, en particular en materia de fiscalidad (impuesto sobre el valor añadido diferente, ecotasas y tasas turísticas propias a cada país, etc.) y de distribución de las competencias políticas (en algunos Estados, los senderos son una competencia municipal, en otros provincial pero con un control estatal, en ciertos casos se controlan desde el gobierno regional, etc.).

- La asimetría de la información: para llegar a cabo, un proyecto transfronterizo requiere que todos los actores estén informados de todos los datos durante todo el proceso de implementación, cosa que no es fácil.

- La asimetría económica: es quizás el problema más complejo ya que el nivel de desarrollo y los recursos disponibles en cada región europea son diferentes. A pesar de las ayudas comunitarias, existen serias limitaciones a la hora de poner en marcha un proyecto entre un territorio rico y otro más pobre porque la financiación del programa quedará ajustada a la capacidad del más débil.

Por otra parte, el turismo fronterizo conlleva también ventajas.

- El acceso a dos territorios: la principal de ellas es quizás el hecho de poder beneficiar de los aspectos positivos de dos territorios en lugar de uno en un espacio reducido (Timothy, 1995, 525-532). En concreto significa, dos tipos de cocina, dos lenguas, dos culturas arquitectónicas, etc. que siempre resultan atractivos para los clientes potenciales.

- La existencia de subvenciones específicas: para financiar los proyectos trasfronterizos existen numerosos fondos como INTERREG. INTERREG fue creado en 1990 por la Comisión Europea para promover la creación de proyectos entre territorios fronterizos. Gestionado por la Dirección General REGIO (encargada de la política regional en la Unión), INTERREG se reparte hoy en día entre los 27 países de la Unión y sus vecinos directos. En total dispone de un presupuesto de unos 7.750 millones de euros. Para facilitar la gestión de este dinero, la Comisión Europea ha adoptado dos medidas cruciales en 2007: por una parte ha creado una figura jurídica a la que se pueden acoger los operadores locales fronterizos para gestionar sus proyectos (la Agrupación Europea de Cooperación Territorial) para agruparse bajo el paraguas de una única organización con personalidad jurídica transfronteriza; por otra parte, INTERREG y la cooperación transfronteriza son ahora el objetivo 3 de los fondos estructurales.

3. LOS SENDEROS TRANSFRONTERIZOS EN EL PAÍS VASCO: DOS CASOS DISTINTOS

Dos estudios de casos han sido seleccionados en el País Vasco para analizar las dinámicas de creación y mantenimiento de senderos transfronterizos. A pesar de las diferencias de tamaño y de periodo, estos dos casos pueden ayudar a entender cómo iniciar una dinámica positiva a la hora de dinamizar un territorio.

3.1. El caso de los caminos de Santiago en Saint-Palais

El contexto en el que se desarrolla el primer proyecto es el siguiente: Saint-Palais es un pueblo de Baja Navarra en el País Vasco francés. Administrativamente hablando, pertenece al departamento de Pirineos-Atlánticos dentro de la región Aquitania. Se trata de un ayuntamiento de unos 1875 habitantes.

La particularidad de Saint-Palais es que se ubica en pleno en el camino francés que lleva a Santiago de Compostela. Sin embargo, la mayoría de los peregrinos suelen pernoctar y arrancar el camino desde la ciudad siguiente: Saint-Jean-Pied-de-Port. La captación de peregrinos es esencial para estos pueblos cuya economía se sustenta en la agricultura (maíz, bovinos, patos), razón por la cual convertirse en el "kilómetro cero" del camino francés es tan importante.

En 2009, el alcalde – Jean-Jacques Loustaudaudine (independiente pero cercano al centro-derecha) – tuvo la idea de reactivar este trozo del camino para poder beneficiarse de la frecuentación del camino (unas 30.000 personas al año) (Tourisme Aquitaine, 2003). Por ello, decidió montar una comisión de expertos compuesta por habitantes del municipio y de la "diáspora" vasca emigrada a Burdeos, París y Toulouse. El resultado fue la propuesta de varios sub-proyectos entre los cuales la reforma de la abadía de los Franciscanos del pueblo, recientemente abandonada, y la mejora de la señalización de los caminos. Se decidió encargar un estudio preliminar de estas propuestas a la empresa de dinamización de proyectos culturales Duplantier. El resultado fue la redacción de un plan estratégico "Chemins, caminos, Bideak, Paths" para llevar a cabo la refección de los caminos, su señalización en varios idiomas, la instalación de esculturas de Christian Lapie a lo largo del tramo de Saint-Palais, la transformación de la abadía en hostal para peregrinos y la reconversión del jardín en parque.

Como muchos proyectos vinculados a la cultura y el deporte, esta propuesta ha sido de las primeras en encontrar rechazo por parte de las administraciones públicas francesas a la hora de subvencionarla. De momento, el Consejo General de Pirineos-Atlánticos, la Región Aquitania y el Ministerio de Cultura del Gobierno francés están de acuerdo para financiar los 1.832.000 euros necesarios.

Para paliar la falta de reactividad de las administraciones francesas, el alcalde de Saint-Palais tuvo la idea de pedir ayuda a sus homólogos españoles, es decir el Gobierno de la Comunidad Foral de Navarra. El presidente del Gobierno navarro Miguel Sanz ha decidido apostar fuertemente por el desarrollo de los caminos, al igual que Manuel Fraga en Galicia en los años 1990. Por esta razón, Sanz está interesado en cualquier desarrollo del lado francés que le permita atraer a más peregrinos hacia la Navarra española. Por ello asocia al alcalde de Saint-Palais a la mayoría de los eventos político-culturales desarrollados en el marco del Plan Navarra 2012, dotado de unos 4.508 millones de euros (Navarra.es, 25/02/2011).

El proyecto se encuentra actualmente parado por las instituciones públicas que no quieren apostar por su desarrollo sin estar seguras de que las demás co-financiarán dicho programa también. Considerando la cercanía de las elecciones presidenciales en Francia, es poco probable que se desbloquee la situación en esta ladera del Pirineo. En estas condiciones, el Gobierno de Navarra tiene todas las papeletas para ser el socio número uno del proyecto en el futuro.

3.2. El caso de los senderos de Txingudi

El segundo caso estudiado se basa en la experiencia de los actores institucionales de la bahía de Txingudi en la costa vasca. Este sitio único agrupa a tres municipios vascos separados por la frontera hispano-francesa: Hendaya (12.600 habitantes), Irún (55.00 habitantes) y Hondarribia (15.000 habitantes). Dichos ayuntamientos pertenecen por parte al departamento de Pirineos-Atlánticos (región

Aquitania) y a la provincia de Guipúzcoa (comunidad autónoma de Euskadi).

Su rasgo distintivo es que constituyen la frontera internacional sin que ella aparezca en ningún momento. Desde la entrada en vigor del Acta Único Europeo en 1992, los servicios aduaneros franceses y españoles ya no son visibles en la zona. De hecho, la desaparición de estas administraciones fue un golpe duro para la economía de la comarca, ampliamente basada en los servicios de transporte fronterizo. Para remediarlo, el alcalde de Hendaya propuso una colaboración administrativa a sus colegas españoles de Irún y Hondarribia a principios de los años 1990. Dicha colaboración se basaba en aquella época en una organización sin reconocimiento legal: el eurodistrict. Juntos estos pueblos consiguieron unificar algunos de los aspectos de su gestión diaria como la recogida de basura o la oferta turística. En una palabra, permitieron economías de escala.

Para paliar las limitaciones de esta estructura, los tres ayuntamientos lograron convertir el eurodistrict en Consorcio Bidasoa Txingudi – una estructura de cooperación intermunicipal de derecho español – en 1998. Este nuevo paso les permitió reforzar sus lazos y lanzarse en una ambiciosa política de captación de fondos europeos para financiar sus proyectos locales. El Consorcio se alimenta del presupuesta de cada municipio (Hendaya y Hondarribia entregan el 25% de los fondos e Irún el 50% restante). Está gobernado por turnos por cada alcalde y su gestión diaria se realiza a través de la Agencia Bidasoa-Activa, una empresa pública creada por el ayuntamiento de Irún para fomentar el desarrollo local pero que se convirtió rápidamente en organización al servicio de esta área transfronterizo.

Entre los diferentes proyectos conseguidos por el Consorcio Bidasoa-Txingudi cabe recalcar "El camino de la bahía", un sendero transfronterizo que cruza la frontera siguiendo el litoral de un municipio a otro. Materializado en 2004, este proyecto se fundamenta en el camino que seguían los contrabandistas para pasar mercancías de un lado a otro de la frontera hasta los años

1960. El conjunto del proyecto fue liderado por Bidasoa-Activa que contrató a dos empresas de desarrollo de proyectos culturales: la española ZooCreative de Bera de Bidasoa y la francesa Maîtres du Rêve de Aix-en-Provence. Ambas consiguieron realizar un proyecto común integrando una señalización transfronteriza, así como varios "materiales pedagógicas" para los alumnos de las escuelas del Consorcio sobre la cultura local y sus múltiples aspectos.

A pesar de las reservas del Rectorado de la Academia de Burdeos – administración francesa encargada de dar el visto bueno al material pedagógico distribuido en las escuelas francesas – el proyecto recibió el apoyo del Berritzegune de Irún (agencia vasca de la innovación docente) así como de todos los demás niveles de gobierno local, provincial y regional. Los senderos y los materiales que lo acompañan costaron un total de 213.000 euros cofinanciados por el programa INTERREG III-A al 75%.

4. CONCLUSIÓN

A pesar de las diferencias entre estos dos casos de implementación, existen puntos de comparación muy interesantes:

- Contexto: Rural en un caso, más urbano y marítimo en el otro.
- Producto creado: Producto coherente: deportivo en ambos casos pero más basado en la religión por un lado y en el estraperlo por el otro.
- Creación: La creación de ambos proyectos ha dependido de un liderazgo municipal fuerte para lidiar con la pasividad en Saint-Palais y con las críticas en Txingudi.
- Financiación: Bilateral en el primer caso y europea en el segundo. Ambos con una parte de fondos propios.
- Institucionalización: débil en el primer caso y fuerte en el segundo con la creación del Consorcio y de su agencia de desarrollo Bidasoa-Activa.

En resumen, tal como lo anunciaba Jean Monnet, uno de los padres fundadores de la Unión Europea: "Nada es posible sin los hombres, pero nada dura sin las instituciones".

5. BIBLIOGRAFÍA

CUEVAS-CONTRERAS, T.J. y ZIZALDRA-HERNÁNDEZ, I., Cross-border Tourism Networks, Ciudad Juárez, Chihuaha, Mexico and El Paso, Texas, United States, XVII Simposi Internacional de Turisme i Lleure, ESADE, Barcelona, 21 maig.

FELSENSTEIN, D.; FREEMAN, D. (2001). Estimating the Impacts of Crossborder Competition: the Case of Gambling in Israel and Egypt. Tourism Management, 22, 511-521.

GARCÍA, M.C.; GENIEYS, W. (2005). L'invention du Pays Cathare. Essai sur la constitution d'un territoire. Paris. L'Harmattan.

ILBERY, B.; SAXENA, G. (2011). Integrated Rural Tourism in the English-Welsh Cross-border Region: An Analysis of Strategic, Administrative and Personal Challenges. Regional Studies, 45, 8, 1139-1155.

LEIMGRUBER, W. (1998). Defying Political Boundaries: Transborder Tourism in a Regional Context. Visions in Leisure and Business, 17, 2, 8-29

NAVARRA.ES, El Presidente Sanz inaugura el albergue de peregrinos de Roncesvalles, 25/02/2011.

OBSERVATOIRE EUROPÉEN LEADER (2001). La valorisation du tourisme de randonnée dans les territoires ruraux Guide pédagogique sur l'élaboration et la mise en œuvre d'un projet de randonnée pédestre, Cahier de l'innovation, 12.

PROKKOLA, E.K. (2007). Cross-border Regionalization and Tourism Development at the Swedish-Finnish Border: "Destination Arctic Circle". Scandinavian Journal of Hospitality and Tourism. 7, 2, 120-137.

SUD OUEST, Navarrenx : la visite buissonnière de Frédéric Mitterrand, 17/03/2012.

TACZANOWSKA, K. (2004). The Potentials for Developing Cross-border Tourism between Poland and Slovakia in the Tatra Mountains. Working Papers of the Finnish Forest Research Institute, 2.

TIMOTHY, D.J. (1995). Political Boundaries and Tourism: Borders as Tourism Attractions. Tourism Management, 16, 7, 525–532.

TIMOTHY, D.J. (1998). Tourism and International Borders: Themes and Issues. Visions in Leisure and Business, 17, 3, 3-7.

TIMOTHY, D.J. (1999). Cross-Border Partnership in Tourism Resource Management: International Parks along the US-Canada Border. Journal of Sustainable Tourism, 7, 3-4, 182-205.

CAPÍTULO 6.
LA BÚSQUEDA DE LA CALIDAD EN EL TURISMO ACTIVO A TRAVÉS DE LA IDENTIFICACIÓN DE LOS PARÁMETROS IDENTIFICATIVOS DE ESTE SECTOR.

Prof. Dr. Lázaro Mediavilla Saldaña
Facultad de Ciencias de la Actividad Física y el Deporte
Universidad Politécnica de Madrid

1. FUNDAMENTACIÓN

Actualmente la sociedad experimenta un aumento de la demanda de las actividades de ocio y tiempo libre jugando un gran papel los denominados deportes de "aventura". La práctica de estas actividades tiene que ser llevadas a cabo por empresas sólidamente consolidadas, las cuales nos aseguran ofrecer un buen servicio siempre y cuando estén creadas con unas directrices para ofrecer calidad en sus actividades. (García Fernando, 2001; Aspas Aspas, 2000; Alarcón, 1996; Villalvilla Asenjo, 1994; Laraña, 1986).

Esta investigación quiere dar respuestas a lagunas que existen en el campo de las actividades del turismo activo o turismo de aventura, sobre el modo, la forma y el fondo de los servicios que se ofrecen a través de estas entidades y con qué criterios de calidad llegan al cliente actividades como: escalada, descenso de barrancos, hydrospeed, kayak, parapente, buceo, caída libre, flysurf, rutas ecuestres, multiaventura, senderismo, bicicleta de montaña, etc. (Boers y Bosch, 1995; Fuentes García, 1995; Miranda, Lacasa y Muro, 1995; Olivera Betrán, 1995; Villalvilla Asenjo, 1994; Fayos-Solá, 1994)

El objeto de la investigación, consistirán en definir qué parámetros de calidad son los más relevantes en el marco de las empresas de Turismo Activo; y la elaboración de un cuestionario para su posterior aplicación en varias empresas.

El ocio y el turismo está ocupando un lugar tan relevante en nuestra sociedad, como nos muestra Turespaña: el turismo está en alza y sabemos que España es un país eminentemente turístico, un destino para el resto del mundo, que tiene que destacar por unos niveles de buen turismo, niveles asegurados por la calidad, (la cual ya está regulada según unos sistemas llamados a su vez "sistemas de calidad" reconocidos por la Secretaría General de Turismo), en algunos campos: Agencias de viajes, Hoteles y alojamientos turísticos, Alojamientos rurales, restaurantes, campings y estaciones de esquí y montaña. (Salvoldelli y Walter, 2001; Bastar y Navarro, 2000; Vogeler Ruiz y Hernández Armand, 1999; Lagardera Otero y Martínez Morales, 1998 y Alarcón, 1996)

Esta nueva disposición del tiempo vacacional que vivimos en la actualidad, (tiempo más fraccionado en períodos más pequeños) hace que, además de descansar, el cliente pueda: practicar, aprender y desarrollar alguna actividad que se le proponga. Pero no vale cualquier propuesta, ni de cualquier forma, sin o que hay que garantizar calidad en el servicio de las actividades, que cada vez son más demandados y no sólo necesitan de una buena regulación administrativa de las empresas.

2. EL TURISMO ACTIVO

Existen muchos autores dentro del ámbito del turismo activo que se aventuran a dictaminar una definición pero la verdad que pocos lo están logrando, ya que es un concepto complejo por la gran versatilidad que posee. Solo con el tiempo y basándose en estudios se llegará a reconocer los ámbitos y elementos de los que está compuesto, que ya es un principio.

Algunas definiciones como:

"Oferta turística, que además de alojamiento y el desplazamiento, para la realización de actividades recreativas y culturales, tanto en el ámbito de la costa marina como en la montaña,

requiere para su realización de unos conocimientos previos" (Francisco Lagardera 2002).

"Servicio turístico que se dedica a realizar actividades guiadas en el medio natural y fundamentalmente durante los meses de verano" (CSD nº 29, 2002)

Otros autores entienden que *"Turismo Activo" en la naturaleza se refiere a aquel cuya motivación consiste en la realización de deportes que se realizan en la naturaleza y que habitualmente precisan para su práctica de un soporte natural determinado, a veces escaso, lo que determina la localización de las empresas organizadores en lugares geográficos específicos. Es activo porque es fundamental la participación directa del protagonista, y no la mera contemplación de espectáculo"*

Las actividades que se desarrollan en el medio natural por parte de las empresas de turismo activo no solo son deportes, también son simples actividades físicas en el entorno peculiar como es el medio natural, e incluso rural, por la necesidad de algún soporte.

2.1. Características del turismo activo.

Servicio Turístico.
Actividad física y Cultural.
Implicación personal.
En el medio natural y Rural.
Conocimientos Previos
Materiales específicos.
Temporales
Entorno peculiares

Toda definición intenta trasmitir el concepto y la esencia de lo que encierran esas palabras, por eso en algunos casos es necesario dejar un rango de especificidad al espacio en el que se desarrolla.

Es por ello que podemos considerar también como **Turismo Activo**: al *servicio turístico, que busca satisfacer las necesidades* *personales de actividad física, de recreo y ocio, en un periodo de tiempo concreto y en un entorno específico, en el que es necesario la participación integral de los sujetos a través de la adquisición de sus conocimientos previos.*

Las actividades de Turismo Activo que se pueden desarrollar son múltiples y variables, no existe una lista cerrada, puesto que incluso se pueden inventar como la gran mayoría de ellas se inventaron, pero si podemos decir que se consideran actividades de turismo activo las relacionadas con actividades deportivas que se practique sirviendo se básicamente de los recursos que ofrece la naturaleza... (Decreto 20/2002BOJA núm. 14)

2.2. Actividades dentro del turismo activo.

Estas son algunas de las modalidades de actividades que se utilizan desde el turismo activo pero también hay que tener en cuenta que cada año se descubre alguna nueva ya sea por importación o incluso se combina a lo que se llama multiactividad o multiaventura. (Everest, 2008, Comunidad de Madrid 2004, 2005 y País Aguilar, 2003)

Tabla 1. Modalidades del Turismo Activo en España.

Alpinismo	Orientación
Benjuí	Paintball
Buceo:	Paracaidismo
Caballos:	Parapente
Construcciones con cuerdas	Piragüismo
Descenso de Cañones:	Puenting
Escalada:	Quads
Espeleología	Rafting
Esquí alpino	Raquetas de Nieve
Esquí de fondo	Senderismo
Globo	Snowboard
Hidrospeed	Tiro con Arco
Motos acuáticas	Trineo de perros
Motos de nieve	Vuelo sin motor
Mountain bike:	Windsurf

3. QUE ES UN PRODUCTO BASADO EN UN SERVICIO

Antes que definir que es calidad tenemos que tener claro lo que son los servicios, puesto que la calidad incide directamente en aquellas acciones que dirigimos hacia los demás.

Hay que tener en cuenta que la intencionalidad de ofrecer un producto a con un nivel de excelencia alto implica reconocer hacia que lo queremos dirigirlo, ya que en función del medio al que se destine tendrá unas variables u otras.

El servicio no tenemos que considerarlo como una parte de la producción sino que es el todo de la propia producción llegando, en algunos casos productivos a se el elemento más importante de lo que el cliente recibe.

Una fabricación de un bien requiere de un servicio de distribución, atención al cliente, reparación, etc. Dependiendo de la importancia del producto en el desarrollo empresarial el servicio tendrá mayor o menor importancia pero en definitiva toda empresa presta un servicio (Levitt, 1986: 37).

Esta consideración hace que pensemos en lo que Grönroos (1994) nos comenta diciendo que se debería de hablar de Gestión del servicio o del factor servicio en las diferentes iniciativas con independencia de si la organización pertenece al sector servicio o al sector industrial.

No existe iniciativas productivas puras en e campo del servicio, simplemente que se necesita una con mayor predominancia del servicio que del bien, para ofrecer un producto, pero que tenemos que recordar que son necesidades mutuas puesto que hay una dependencia entre el servicio y el bien para desarrollar un producto que es la meta final.

A este proceso hay que sumarle que no es ofrecer un bien con cualquier tipo de servicio, sino que tenemos que darle una calidad al servicio para que el producto potencie su valor y llegue a los objetivos deseados.

3.1. Transcendencia de los servicios

Para la economía ha sido un referente considerado a partir de los años 80 y en la actualidad como apunta Grönroos (1994:7), los servicios son verdaderos factores de producción al mismo nivel que la producción material".

Por eso en la actualidad el campo de los servicios está dividido en varias áreas: marketing de servicios, gestión de servicios operaciones en servicios, comportamiento organizativo en servicios, Gestión del desempeño en servicios, etc.

Para una actividad turística es importante tener en cuenta la importancia del servicio en el producto que ofrece al cliente, para una actividad como es el turismo activo, donde el servicio lo más importante para el desarrollo del producto final, donde supone más del 70% de este producto final.

3.2. Definición y conceptos

Nos encontramos que el termino servicio está muy unido a la palabra bien, pues desde la Real Academia de la Lengua se define el servicio como: ... *utilidad que presta una cosas*. Es una consideración que como se está observando no estamos viendo no es del todo completa, puesto que desde los años 60 se viene considerando el *servicio* como algo que tiene titularidad independientemente de que no tienen que ser separado un bien y un servicio ya que en muchos casos son complementarios.

Muchos autores han definido lo que es servicio: American Marketing Association (1960:21), Regan (1963:57), Judd (1964:59), U.S. Goverment estándar Industrial Clasification (1972:295), Bensonm (1973:9), Blois (1974:157), Stanton (1974:545), Sasser, Olsen y Wychoff 1978:8), Andersen et al. (193:6), Lehtinen (1983:21), Lovelock (1983), Kolter y Bloom(1984:147); Kolter (1988:477), Parasuraman, Zeithaml y Berry (19985:25), Collier (1987:97), Free (1987:75), Quinn y Gagnon (1987. 37), Quinn, Barueny Paquete 1987:50), Harris (1989:19), Norman (199:26), Grönroos (1990:27), Olsen, Teare y Gummesson (1996:282).

Pero podemos destacar las tres en las que más autores nacionales e internacionales hacen referencia, por antigüedad:

Sasser, Olsen y Wychoff 1978:8) *"Un servicio incluye tres elementos: bienes tangibles, intangibles explícitos o bienes físicos y también intangibles implícitos o beneficios psicológicos."*

Parasuraman, Zeithaml y Berry (19985:25) *"… es en primer lugar un proceso. Mientras que los artículos son objetos, los servicios son realizaciones"*

Grönroos (1990:27) *"… un servicios es una actividad o una serie de actividades de naturaleza más o menos intangibles que normalmente, pero no necesariamente, se lleva a cabo en las interacciones entre cliente y los empleados del servicio, y/o los recursos físicos o bienes, y/o sistemas de procurador del servicio; que son prestadas como soluciones a los problemas de los clientes".*

3.3. Bienes y Servicios

En toda actividad productiva se obtienen uno producto final, el cual puede estar compuesto por una parte de un bienes y otra de un servicio. Podemos llegar a entender como producto el resultado final que se lo frece al cliente una vez que bien y servicio han interactuado para tal fin. Conociendo que un bien es el resultado tangible de una actividad y el servicio como una prestación de una acción o conjunto de acciones para lograr ese producto final.

La calidad es una acción que se debe contemplar en ambos elementos del producto, pese a la predominancia de uno o de otro en función del sector en el que se desarrolla la acción productiva.

3.4. Características de los servicios

Desde la visión de los autores más relevantes Grönroos y Parasuraman, han desarrollado las diferentes características que tienen que tener los servicios a diferencia de los bienes:

Características: Intangibilidad, Inseparabilidad o simultaneidad, heterogeneidad y la caducidad.

a) INTANGIBILIDAD:

Es difícil definir u objetivizar cuando no se posee algo material a la hora de cuantificar un servicio y de poderlo calificar. Puesto que los servicios no pueden ser vistos, tocados, sentidos o testados., de la misma manera que los bienes. (Zeithaml, Parasuraman y Berry, 1985:33). Esto es lo que hace que incluso la característica de intangibilidad resulte ambigua a la hora de cuantificarla.

¿Entonces qué es lo que reciben de este aspecto los clientes? Una percepción subjetiva del propio servicio, puesto que están basados en ellos y en sus experiencias y sus percepciones de casos anterior. Es por eso que cuando lo describen lo hacen sobre su experiencia, confianza y seguridad percibida (Grönroos, 1990).

En la actualidad se tienen que crear una imagen que nos facilite materializar este servicio de alguna manera, se puede considerar que internet es una herramienta clave para el sector del turismo y en especial del turismo activo ya que, se puede tener un primer contacto y es una imagen anterior del consumo y de la elección del producto.

Lo mismo se pueden crear productos virtuales donde se pueden vivenciar de una forma virtual el posible producto final, para que se pueda crear la expectativa de lo que se va a obtener.

También podemos entender que existe cierto grado de tangibilidad en los servicios ofertados, es decir que no todo es un 100% de intangibles, sino que dependiendo del servicio podremos trabajar con un equilibrio de elementos tangibles y sensaciones intangibles. Lo que quiere decir que se puede reforzar la parte más tangible del servicio.

b) INSEPARABILIDAD O SIMULTANEIDAD DE LA PRODUCCIÓN Y EL CONSUMO

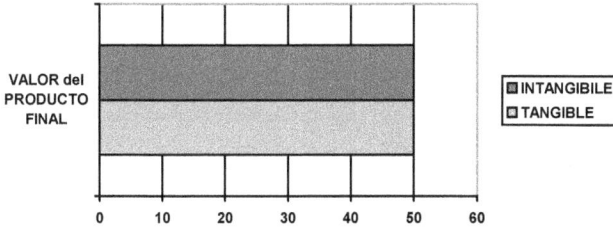

Gráfico 1: El producto final en relación a la tangibilidad e intangibilidad.

Para Grönroos esta parte de producción y consumo es lo más importante, puesto que es la parte visible de la actividad de producción donde el cliente experimenta una posible interactuación con el producto, no solo porque pueda participar, sino porque intervienen en su valor y en el resultado final.

En un servicio turístico podemos llegar a contemplar que no existe separación entre lo que es la producción, la distribución y el consumo. Esto en el turismo activo puede llegar a convertirse en que la misma persona o entidad es el productor, el distribuidor y el vendedor.

En esta cadena de producción hay que tener en cuenta todas las intervenciones, y el valor que le aporten, pues de ello dependerá el resultado final del producto.

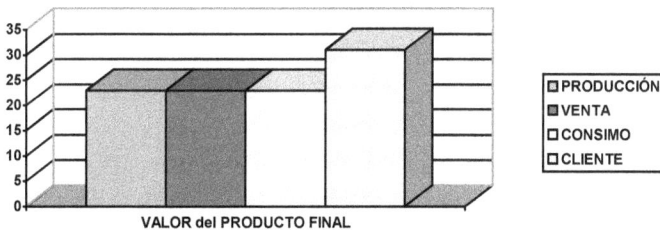

Gráfico 2: Producto final en función de la producción, venta, consumo y cliente.

3.4.1. Factores Claves:

Producción - Productor

Venta – Vendedor

Consumo – Distribuidor

El cliente es una parte muy importante dentro del esta cadena ya que tiene que estar delante en la producción y el consumo puesto que es hacia él hacia quien se dirige el producto, pero no es el único elemento en el que tenemos que basar el producto final.

c) HETEROGENEIDAD

Variedad, amplio campo de actuación, diversidad, etc., son características que albergan este apartado, al contar con el deseo de los clientes.

La variabilidad de los clientes puede condicionar el resultado final de un producto, pero este margen debe de dejarse en función de la experiencia del cliente, ya que existe un mayor contacto personal con el cliente. También influirá otros factores determinantes como es: el estado de ánimo, la actitud ante las sensaciones a experimentar, los gustos en ese momento, factores de espacio y tiempo, etc.

La heterogeneidad de los servicios plantea uno de los principales problemas a la hora de su gestión, esto es, el diseño del procesos, para mantener un alto nivel de calidad percibida por parte de los clientes. (Grönroos 1990)

El elemento clave en este factor para el control de la calidad en relación a la heterogeneidad del cliente es la persona que se encuentra en contacto con el cliente directamente durante el servicio. Lo que supone una persona muy cualificada. Puesto que va a depender mucho de esta persona y de su preparación del éxito del producto final experimentado por el cliente.

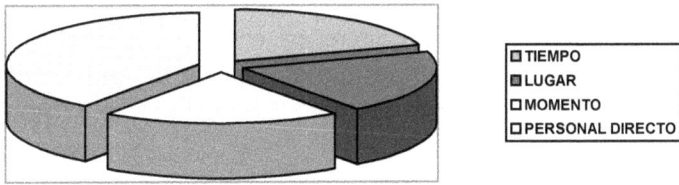

Gráfico 3: Producto final en función del tiempo, ligar, momento y personal directo.

d) CADUCIDAD

Los servicios tienen una capacidad que si no es rentabilizada en el momento que se produce la oferta, ese producto ya no es recuperable. Si un servicio no se utiliza, su capacidad se pierde, es decir, el servicio caduca.

En cuanto al producto que se ofrece está supeditado a la temporalidad tanto del cliente como de las circunstancias de las características del propio producto.

En tanto en cuanto a las circunstancias de caducidad que rodean al producto de turismo activo le tenemos que tener muy en cuenta la temporalidad, el número de plaza por día y la diversificación de oferta.

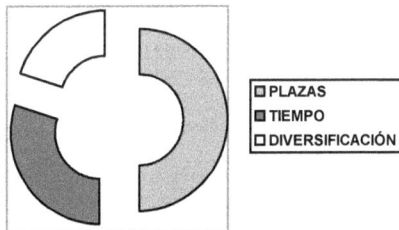

Gráfico 4 Producto final en función de las plazas, tiempo y diversificación de oferta.

3.5. Diferencias entre servicios y bienes

Se puede resumir la diferencia entre el bien y el servicio en esta tabla, viendo que posen un alto índice de aplicación para el sector servicios y más concretamente para el propio turismo activo.

Tabla 2: Diferencias entre los servicios y los bienes (José Ángel Miguel Dávila 2002:43).

	Servicios	Bienes
	Sin intangibles	Son tangibles
Intangibilidad	No se pueden almacenar	Se pueden almacenar
	No se pueden transportar	Se pueden transportar
	No hay transferencia de propiedad	Transferencias de propiedad por compra.
	No se puede patentar	Se puede patentar
	Difícil de establece su coste	Fácil de establecer costes
	El output es un proceso o una actividad	El output es una cosa
	Tienen consecuencias	Tienen formas
	No puede medirse	Puede medirse
Heterogeneidad	Son heterogéneos	Se pueden estandarizar
	El riesgo percibido por los clientes es elevado	El riesgo percibido por los clientes es menor
Inseparabilidad	No se pueden separar las funciones de producción, distribución y consumo.	Las funciones de producción y distribución separadas del consumo.
	Se pueden presentar tras una solicitud	Se pueden realizar antes de que lo pida el cliente
	Capacidad no usada es capacidad perdida	La empresa puede jugar con la capacidad
	El cliente participa en el proceso de producción	El cliente no participa en el proceso de producción
Caducidad	Son perecederos	Pueden no ser perecederos
	No pueden inspeccionarse	Pueden inspeccionarse
	No tienen una vida	Tienen vida, son útiles durante un tiempo.
	Tienen dimensión temporal	No tienen dimensión temporal
	No se pueden inventariar	Se pueden inventariar.
	No se pueden revender	Se pueden revender
	No se pueden devolver	Se pueden devolver.

3.6. Las bases de un buen servicio

Los productos intangibles, llámense servicios, encierran una mayor dificultad a la hora de establecer su idoneidad cara a un mercado concreto.

Centrándonos en identificar lo que pueden ser unas buenas bases sobre las cuales edificar cualquier servicio, es lo que pueden marcar la diferencia entre *buen servicio* y todo lo demás.

En el sector turístico y en todas sus diversificaciones, se hace especialmente notable la estructura de las bases sobre las cuales se edifican los servicios a prestar al usuario, llámese *cliente*.

a) LOS RECURSOS HUMANOS

Los *recursos humanos* lo componen el *personal de una empresa*, cualquiera que sea su acometido en la misma. Abarca tanto el personal fijo como los contratados, los que estén en periodo de prueba, los becarios en prácticas, etc. sin tener en cuenta si trabajan a jornada completa o parcial, turnos o simplemente fines de semana y festivos. Todos componen la plantilla.

Lo que hay que *concienciar* a este *conjunto de personas*, sea cual sea su situación contractual o su función en una empresa, es que *cada uno* de ellos es *una pieza* del enorme rompecabezas que constituye el *cuadro de la calidad empresarial*. Dicho conjunto proporciona el 80 % de la *Calidad en la Atención*, lo que significa que su papel es imprescindible para lograr el *objetivo* de alcanzar la *máxima calidad* en la *atención al cliente*.

Por este motivo, todo miembro de la plantilla debe asumir su parcela de responsabilidad hacia el logro de esa meta, *calidad de atención al cliente*. En esa tarea, cada uno aporta sus valores innatos, adquiere la formación y capacitación para mejorarlos e imprime el sello de la imagen corporativa y filosofía empresarial de la entidad para la cual trabaja. En la capacidad de poder englobar todos los elementos positivos de éstos, esta la verdadera valía del empleado al servicio de su empresa.

Consideremos que los *recursos humanos* constituyen el *mayor activo de cualquier empresa*, y en la capacidad de sacar el *mejor rendimiento* de estos *recursos* esta *la valía de la gestión empresarial* que dirige la actividad empresarial concreta. En el caso de empresas de servicios, la acción directiva debe poner especial atención en la *estrategia de gestión* de los *recursos humanos*, al ser ese conjunto su *mejor portavoz de excelencia en la atención* de cara a sus *clientes*.

Esta labor la podemos facilitar aportando un protocolo de actuación para estas personas, el que hacer en algunos casos o el cómo hemos actuado en otros es capaz de transmitir la filosofía de la corporativizad en le que desempeña sus labores.

b) LAS INSTALACIONES

Por su efecto visual de cara al cliente, la gran mayoría de empresas de servicios del sector turístico concentran su atención a asegurar la vistosidad de sus locales o instalaciones. Por supuesto que el esfuerzo está bien encaminado pero no debe confundirse con el pleno cumplimiento de los deseos de los potenciales clientes o en asegurar la fidelidad del cliente existente.

Las instalaciones de cualquier empresa del sector turístico se construyen sujetos a los siguientes condicionantes:

- Superficie de suelo disponible y aforo deseado
- Presupuesto según recursos económicos a invertir
- Sector de mercado a cual irá dirigido
- Plazo para la terminación de la obra
- Versatilidad para su empleo un mayor número de horas
- Utilización de materiales autorizados según normativa

Por este orden, los proyectistas edifican, rehabilitan o convierten los locales que vayan a destinarse al sector turístico. Los proyectos de envergadura, ya se sabe que requerirán más tiempo de ejecución y una mayor inversión, aunque el valor del inmueble como activo hace interesante el llevarlo a cabo.

Sin embargo, las instalaciones tienen una relevancia en la prestación de servicios en justa medida a lo que los potenciales usuarios deseen de las mismas y generalmente esos deseos expresados como necesidades incluyen:

- Comodidad
- Elegancia
- Intimidad
- Funcionalidad
- Ambiente
- Agilidad
- Variedad en las prestaciones

Sin ser este necesariamente el orden de preferencia, que suele variar de sector a sector, así como según el perfil predominante de la clientela a atender.

Es precisamente por este motivo el por qué los prestatarios de servicios efectúan estudios preliminares antes de ejecutar la construcción de nuevas instalaciones o la renovación de algunas instalaciones existentes.

c) LOS SUMINISTROS Y LOS PROVEEDORES

El tercer componente de un *buen servicio* lo aportan los suministradores y proveedores de la empresa prestataria del servicio.

En el sector turístico, los suministradores y proveedores abarcan tanto los productos perecederos y no perecederos, así como los servicios complementarios externos, todo ello conduciendo a una garantía de servicio excelente y de calidad. Cada elemento tendrá mayor relevancia para un servicio concreto de la empresa que deberá *garantizar el "buen servicio"* a su clientela pero lo que realmente es imprescindible es que el conjunto de elementos ofrezca las prestaciones deseadas por los clientes en el momento que éstos los deseen, y que dichas prestaciones estén a la altura de calidad exigible a la empresa, por su nivel de servicio ofrecido.

d) LAS PRESTACIONES AL CLIENTE

Cada empresa define su abanico de servicios basándose en los siguientes factores:

- Las exigencias de la clientela, existente o futura.
- Los recursos a su alcance y/o disposición en cada momento.
- Los elementos logísticos disponibles para efectuar los mismos.
- La rentabilidad obtenido de cada servicio.
- La idoneidad de prestación, según la estrategia empresarial.
- La capacidad de mantenimiento de la calidad exigible.

El orden suele ser la preferencia empresarial generalizada, aunque no necesariamente la observada por la totalidad de las empresas, ya sea por sus propias escalas de prioridades o por las imposiciones de las respectivas coyunturas empresariales. Lo que sí es cierto es que, el 80 % de las empresas de servicios que ofrecen un *servicio de calidad* respetan dicho orden de preferencias.

Adentrándonos en el sector del turismo, y limitándonos a los que desean prestar un *buen servicio*, diremos que los servicios de calidad necesariamente integran los siguientes elementos:

- Personal cualificado y capacitado.
- Instalaciones óptimas con últimas tecnologías.
- Primera calidad en productos.
- Medidas de seguridad e higiene.
- Cumplimiento de la normativa y legislación vigente.
- Filosofía de empresa e imagen corporativa.

La ausencia de uno cualquiera puede restar credibilidad y/o efectividad a la empresa prestataria de los servicios, lo que hará que afecte la fidelidad de su clientela.

4. CALIDAD

4.1. Breve historial de los sistemas de normalización y calidad

La ley 21/1992 del 16 de julio del Ministerio de Industria y Energía es la primera referencia nacional a la norma definiéndola como la especificación técnica de aplicación repetitiva o continuada... que aprueba un Organismo reconocido nacional o internacional.

En nuestro ámbito nacional y con el fin de desarrollar una política de fomento de la calidad y al amparo de esta ley se crea AENOR (asociación privada de normalización) que será reconocida como tal por el Real Decreto 2200/1995 y representada en e Comité Técnico Normalizador. Los documentos elaborados por la CTN y publicados por AENOR se les denomina como normas UNE (Una Norma Española).

En Europa tenemos el Comité Europeo de Normalización que publica las normas EN, pero la normativa de mayor rango son las ISO normas dictadas por la Organización Internacional del Normalización. Todas estas normas en sus diferentes ámbitos tienen la característica de velar por el funcionamiento sistemático de la calidad, sin ser exigida su observancia.

Por eso la norma ISO 9000 de control de calidad en Europa es la EN29000 y en estados unidos ANSI/ASQC Q 90. Las normas EN son de obligado cumplimiento para los estado de Comité Europeo de Normalización y las ISO son de carácter informativo.

Las normas de calidad dictadas hasta ahora son:

❑ ISO 9000

❑ ISO 9004-2 gestión de calidad total

❑ ISO 9001(ISO 9001, ISO 9002 e ISO 9003)

En relación a sector turístico nos encontramos con la norma CEN/TC329 la cual contienen tres sectores turísticos: hoteles y otros sistemas de alojamiento turístico, las agencias de viajes y los touroperadores, y por último los servicios de buceo recreativo.

La creación de Sistemas Técnicos de Calidad es una iniciativa pionera en el Sector Turístico a nivel internacional, por lo que no se disponen de modelos que puedan tomarse como directrices; a ello se unen otras dificultades como el hecho de que se trata de objetivar percepciones subjetivas y de gestionar la Calidad Total, donde no es suficiente con inspeccionar un producto final, sino que es necesario verificar todo el proceso.

La necesidad sentida de diferenciarse por la CALIDAD, se puso de manifiesto como meta común del sector privado y de la Administración Turística Española en el Congreso Nacional de Turismo, celebrado en Noviembre de 1997, cuyo compromiso VII fue el de *implantar la marca de Calidad Turística Española*. Anteriormente, el Plan de Estrategias de la Administración Turística del Estado, en su estrategia número IX también incidía en la necesidad de un "Plan de Calidad Turística Española".

4.2. Qué significa calidad "Q"

Las últimas décadas del pasado siglo implantaron un cambio en el estilo de hacer empresa, al considerar que no era suficiente con crear un producto o prestar un servicio. Se llegó a la conclusión que, además de vender, había que gestionar el desarrollo del producto o servicio, lo que vino a denominarse como *Total Quality Management (TQM)*.

La *Gestión de la Calidad Total (TQM)* viene a marcar las pautas para el desarrollo, la fabricación o confección, la comercialización, el mantenimiento y el servicio posventa de un producto o servicio cualquiera. Todo ello hace que *calidad* se defina como la *condición óptima* de un producto o servicio *durante un periodo de tiempo*, de acuerdo a *las exigencias y las necesidades del cliente*, y además, *comparados con productos y servicios equiparables*, teniendo que *situarse por encima de la media exigible*.

La fuerte presión de la filosofía anglosajona del *TQM* obligó a las empresas del mundo industrializado a tomar conciencia sobre la necesidad de adecuación de sus productos y servicios a las normas de aquellos competidores que ya habían implantando procesos de perfeccionamiento de sus circuitos de desarrollo, fabricación, comercialización o prestación, mantenimiento y servicio posventa de productos y servicios. Ello trajo a nuestro mercado procesos como *Just-In-Time* y *Quality Circles* para la adecuación de nuestra gestión empresarial a las exigencias de los clientes, cada día más conscientes de las ventajas de los productos normalizados (*ISO, AENOR, DIN ..*) y administrados mediante *TQM* u otros.

La esencia de la calidad debe cumplir los siguientes requisitos mínimos como indica el ICTE:

1. *Cubrir las necesidades del Cliente en el plazo deseado*

2. *Satisfacer al Cliente con el producto o servicio adquirido*

3. *Mantener un nivel por encima de la media de la gama*

4. *Mejorar el producto o servicio en el transcurso del tiempo*

En la *capacidad de lograr estos mínimos* consiste la *implantación de la calidad* en un producto o servicio.

4.3. Concepto y clasificación de calidad

La palabra de calidad comienza a estar presente cuando el sector del turismo adquiere gran significado a la hora de convertirnos de usuarios a clientes. Se comienza a vislumbrar un campo de excelencia y donde el cumplimiento de las exigencias mínimas no indican un valor, ahora quien marca la diferencia no es solamente quien está ahí sino la entidad que es capaz de romper con los requerimientos exigibles y se lanza en busca de un distintivo mayor.

Existen muchos modelos calidad la gran mayoría siguen apoyándose en lo que dijo Grönroos cuando hablo por primera vez de la calidad percibida y el modelo de calidad total en los servicios señaló. Estas ideas comenzaros en los 80 (Berry, Zeithaml y Parasuraman, 1985; Parasuraman, Zenithaml y Berry, 1985; Lewis Klein, 1987; Gummesson y Grönroos, 1988; Zeithaml, Berry y Parasuraman, 1988):

- **Modelo de Calidad Industrial:** (Autores Ishikawa 1985, Price Y Chen 1993) La calidad consiste en garantizar la calidad de los productos y los servicios lanzados al mercado.

- **Modelos de Servucción:** (Autores Eiglier y Langeard 1989) Defienden que la calidad depende de os lementos que hay entre medias en un producto.

- **Modelo de las diferencias y las discrepancias** (autores: Parasuraman, Zenithaml y Berry, 1983, 1985, 1988, Zeithaml, Berry y Parasuraman, 1988; Zeithaml, Parasuraman y bwerry 1985, 1993:; Parasuraman, Berry y Zenithaml, 1991a, 1991b, 1993) la calidad se comprende por la diferencia del servicio esperado y el percibido. Se destaca la escala SERQUAL.

- **Modelo de Imagen**: (autor Grönroos, 1983, 1988, 1994).

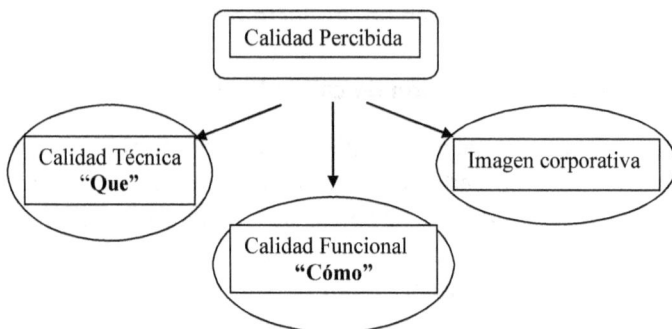

Gráfico 5. La calidad percibida de Grönroos.

El qué y el cómo nos dará la calidad experimentada por el cliente que según Grönroos es lo que hay que definir como calidad. Por eso en definitiva la calidad percibida será la combinación de lo que el cliente esperaba del servicio y la manera en el que el servicio ha sido desempeñado.

El cliente en el turismo activo posee algunas experiencias anteriores esto hace que se plantee expectativas para sus futuras actividades. Por otro lado la empresa de servicios ofrece un producto en función de una experiencia y un criterio, la diferencia de cómo cree percibir el cliente y lo que percibe en realizada podríamos definir como calidad percibida.

Algunos autores la definen como:

- La calidad percibida es la amplitud de la discrepancia o la diferencia que existe entre las expectativas o deseo de los clientes y sus percepciones (Parasuraman, Zenithaml y Berry, 1988).

- A calidad total percibida es la diferencia entre la calidad esperada y la calidad experimentada (Grönroos 1988).

- Calidad percibida se define en función de las expectativas y de las percepciones de los resultados en tres niveles: en un nivel de clase producto (macro); un nivel de las expectativas y percepciones del resultado con respecto a los proveedores del servicio (meso); e indicando las expectativas y el resultado percibido con respecto a una transacción individual. Koelemeijer, Roest y Verhallen (1993).

Lo que nos hace deducir que la calidad es una expectativa del cliente. Esto no es del todo cierto. Podemos entender que la calidad pueda ser la expectativa que una persona tiene de algo y que eso le asombre, pero entonces este concepto siempre estaría supeditado a fascinar, ritmo contraproducente en un servicio turístico, ya sea deportivo, cultural, de playa,... puesto que nunca tendría unos parámetros fijos que se pudiesen cuantificar.

Con lo cual para valorar este término de calidad nos podemos basar en una primera clasificación o diferenciación de lo que es calidad. Podemos valorar que calidad se puede dar de dos formas (Ghobadian; Spelles y Jonnes 1994):

- Pasiva: que podríamos definir que es la que las instalaciones y los materiales nos reflejan.

- Pro activa: es aquella que los clientes notan de un servicio compuesto de un factor eminentemente humano que puede variar constantemente.

Todo esto que se ha comentado tiene su aplicación en el tema del turismo activo y turismo deportivo. Este estudio se centra obtener los parámetros de calidad para ese sector del turismo, pero es importante saber cuáles son las bases en las que se cimienta y cómo nos damos cuenta de que en el turismo activo aún hay mucho por andar.

4.3.1. La calidad está representada en tres aspectos:

- Normativa no turística que afecta a temas de: seguridad, higiene, etc.
- Normativa turística de obligado cumplimiento.
- Autorregulación: ya sea por una exigencia individual (Difícil de medir) o por una exigencia de asociacionismo (Fácil de aplicar).

Quién puede acceder a este sistema de calidad toda aquella empresa de servicio turístico, que en nuestro caso nos ofrezca actividades Deportivas

Una **entidad turística** es: cualquier empresa u organismo que, entre otras posibles actividades, están implicadas de forma directa o indirecta en la prestación de servicios turísticos, con independencia de su tamaño, categoría y ubicación.

4.3.2. Marca de calidad

Los factores que tiene que poseer para ser **marca de calidad** (Instituto para la Calidad Turística Española, ICTE), son las siguientes:

PRESTIGIOSA, porque demuestra el compromiso empresarial por alcanzar la plena satisfacción del cliente, ofreciéndole un servicio excelente.

DIFERENCIADORA, porque únicamente pueden obtenerla aquellos establecimientos o empresas que aseguren unos niveles mínimos de servicio.

FIABLE, porque los mecanismos utilizados para evaluar el cumplimiento o no de los requisitos solicitados por las Normas son independientes del propio sector y están diseñados de acuerdo a la normativa intersectorial. En el caso del Turismo Activo todo esto es lo que hay que crear: una normativa para que sea cumplida y aplicada.

RIGUROSA, porque para obtenerla es imprescindible superar unas pruebas de carácter objetivo establecidas en los Reglamentos y Normas.

Pero estos factores son la conclusión de un número de características que deben de poseer cada uno de ellos, que son los elementos que deben ser valorados por unas normas mínimas de cumplimiento. Parámetros Mínimos para la Concesión del Distintivo de Calidad (P.M.C.D.C.).

4.4. ¿Qué es un sistema de calidad en el servicio?

En un sentido amplio es aquel que permite un nivel de ajuste entre la oferta de servicios de una organización determinada y las necesidades y exigencias de su demanda.

En este contexto, pero con un sentido más concreto, se entiende como sistema de calidad tanto el desarrollo para el conjunto de un determinado subsector turístico, en tanto que comprende un conjunto de actuaciones comunes a todos los participantes (normas, sistema de certificación, herramientas, etc.) como al sistema de calidad que cada establecimiento de forma particular implanta en su empresa y que es el que le va a permitir gestionar la mejora continua del servicio ofrecido.

4.5. ¿Qué tenemos propio del turismo activo?

El turismo activo necesita poseer una mayor regulación en todo el territorio español, puesto que no todas las comunidades disponen de un decreto donde se contemple esta actividad turística. Solamente 12 de las 17 comunidades autónomas y dos ciudades poseen regulación alguna de dicha actividad.

Pero todos los reales decretos carecen de una exigencia sobre lo que es el tema de la calidad que complazca a las empresas. Dichas empresas, que se dedican a esto desde que comenzó a generarse esta forma de turismo, quieren marcar una pauta diferenciadora de lo que es un turismo ocasional escaso en seguridad, personal, legislación, de un turismo serio. Estas empresas cada vez son más numerosas. Consideraríamos una empresa "seria" aquella que tiene una forma de implantar determinadas formas de trabajo y que dedica formación a los trabajadores, que procura regular un impacto ambiental, así como ofrecer un servicio de calidad.

En la actualidad el ICTE ha diseñado una norma para la identificación de la calidad aplicable al sector del turismo activo, con base en una norma de producción. En este estudio tratamos de identificar la base de la estructura y los parámetros que componen el sector de turismo activo teniendo en cuenta las sub-áreas de las cuales se compone.

4.6. Conclusión del estudio de los parámetros de calidad

Teniendo en cuenta todos los estudios observados y siendo conscientes de las conclusiones de cada uno de los estudios se pudieron definir, en un primer momento, que los parámetros a tratar desde el ámbito del turismo activo podrían ser los siguientes:

Tabla 3. Parámetros específicos a analizar en el ámbito del turismo activo

SEGURIDAD	ATENCIÓN AL PÚBLICO
Previsión meteorológica	Comodidad
Requisitos a los clientes	Actividad para minusválidos
Información:	Temporalidad de los servicios de la empresa
De material	
De seguridad	Instalaciones acondicionadas:
Preparación o Titulación	Salas para conferencia
Relación contractual	Vestuarios y servicios
Espacio para el material	Alquiler de Material
Material ordenado y colocado fuera de	Tienda de Material
posibles situaciones perjudiciales	Otros servicios:
Clasificación de material	Cafetería
	Restaurante

ACTIVIDAD Expectativas de la actividad. Adecuación del nivel de dificultad y de exigencia. Personal para la actividad (ratio). Alimentación auxiliar concretada. Cuidados del material durante la practica	
LEGISLACIÓN Seguros (cuantías, cobertura) Responsabilidad Civil Empresa Regulada Titulación de los empleados, muestra pública Contratación de los empleados Personal sanitario Técnicas de actuación ante accidentes Botiquín	**ASPECTOS TÉCNICOS DEPORTIVOS DE LA EMPRESA** Originalidad de la propuesta deportiva Planificación o propuesta metodológica Calificación y habilidades de los responsables Trato que se dispensa (patrones, actitudes, comportamiento,...) Cursos de formación para los empleados Cursos que ofrecen a los clientes Sistemas de valoración Educación medioambiental
ACTUACIONES SOBRE EL MEDIO AMBIENTE Planes de intervención Consideraciones en la utilización de recursos Partida presupuestaria para mejora del medio Normativa de los espacios en los que se desarrolla la actividad Adecuado manejo de los residuos producidos por los clientes en las actividades Instalaciones moderadas y "bioagradables" Infraestructura de saneamiento	**PUBLICIDAD** Sistemas utilizados. Coherencia con la realidad Fotos Texto Creatividad Cuidados del entorno durante la actividad

Pero en posteriores estudios pasaron de 12 parámetros a 7 parámetros los elementos básicos a través de los cuales se podría obtener la información suficiente para la identificación de la calidad técnica emitida:

⇒ Entidad.

⇒ Actividad estrella.

⇒ Recursos humanos.

⇒ Medio ambiente natural.

⇒ Seguridad.

⇒ Recursos materiales.

⇒ Cliente.

Tabla 4. Parámetros generales a analizar en el ámbito del turismo activo.

- SEGURIDAD.	- PUBLICIDAD.
- TÉCNICOS Y MONITORES.	- ORGANIZACIÓN.
- INSTALACIONES.	- ATENCIÓN AL PÚBLICO.
- ACTIVIDAD.	- UBICACIÓN ENTORNO.
- MATERIAL.	- MANUTENCIÓN.
- MEDIO AMBIENTE.	- ALOJAMIENTO.

5. BIBLIOGRAFÍA

ACUÑA DELGADO, A. "Los deportes de aventura en la naturaleza: ¿una aproximación a la práctica ecológica?" En GARCÍA FERNANDO, M. MARTÍNEZ MORALES, J.R. (1996) *Ocio y Deporte en España. Ensayo sociológico sobre el cambio.* Valencia: Tirant lo Blanch.

AGUILAR QUINTANA, TERESA (2001). *El Liderazgo y la calidad en el Sector Hotelero.* Santa Cruz de Tenerife: Ed. Fundación FYDE Caja Canarias.

ALARCÓN, J. (1996). *Deportes de Aventura en España,* Barcelona: Ed. J.D

ASPAS, J. M. (2000). *Los deportes de aventura Consideraciones Jurídicas sobre el Turismo Activo*. Madrid.

BELLO, J.L. (1991). "La calidad como argumento de venta", Jornada: *Calidad en el sector Turístico y de Ocio*. Madrid: APD.

BIGNE MOLINÉ, VALLENT Y SÁNCHEZ (1996) "Un estudio comparativo de los instrumentos de medición de la calidad de los servicios" *Revista española de investigación de Marketing* ESIC.

BOERS, H. Y BOSCH (1995). *La Tierra destino Turístico*. Madrid.

BUTLE, F.A. (1995) "SERVQUAL: "Review, Critique, Research Agenda", *European Journal of marketing*, 30 (1): 8-32.

CASANOVA DOMINGO, B. (1991). "La aplicación de los nuevos deportes y sus repercusiones". *Apunts. Educación Física y Deportes*, 62.

COOPERS & LYBRAND-GÁLGANO. (1994). *Manual de Calidad en el Turismo*. Editur. España: Ed. Turísticas S.A.

CROSBY , P.B (1984) Quality without tears New York Mcgraw-Hill.

CROSBY, P.B. (1987) La calidad no cuesta: el arte de cerciorarse de la calidad. México: CECSA.

CHRISTOPHER, M.; PAYNE, A. y BALLANTYNE, D (1991). *Relationship Marketing: Birging Quality, Customer Service and Marketing Togueder*. Gran Bretaña, Oxford: Butterworth-Heineman Ltd.

ECOTRANS. *Manual para la mejora de la calidad de las actividades recreativas en la naturaleza*. Madrid: ECOTRANS.

FAYOS-SOLÁ, E. (1994) "Competitividad y calidad en la nueva era del turismo" en Congreso Internacional sobre el Turismo OMT 2000. Madrid: Departamento de Economía Aplicada. Universidad de Valencia.

FEDERACIÓN ASTURIANA DE EMPRESARIOS: *Sistema de calidad en las empresas de Turismo Activo* www.fade.es/turismoactivo [Consulta: 5/12/2001].

FUENTES GARCÍA, R. (1995). *El turismo Rural en España* Madrid Ed Ministerio de Comercio y Turismo.

FUNDACIÓN EROSKI (2000). "93 empresas y 11 especialidades deportivas a examen" *Consumer* Junio del 2000.

FUNDACIÓN EROSKI (2000). " Mucho que mejorar en comodidad y bastante en seguridad" *Consumer* Junio del 2000.

FUNOLLET, F. (1995). "Propuesta de clasificación de las actividades deportivas en el Medio Natural" *Apunts Educación física y Deporte*, 41, 124-129.

GHOBADIAN, A.; SPELLER, S Y JONESM M. (1994). "Service Quality. Concepts and Models". *International Journal of Quality & Reliability Management*, 11 (9), 43-66.

GOMEZ-LIMON, J. (1993). "El impacto de las actividades recreativas al aire libre sobre los espacios naturales". *Quercus*, 90, 18-23.

GRÖNROOS, C. (1994). *Marketing y dirección de servicios. La gestión de los momentos de la verdad y la competencia en los servicios.* Madrid: Ed. Díaz Santos, S.A.

GRÖNROOS, C. (1994). Marketing y gestión de servicios. Madrid: Díaz de Santos S.A.

HEINEMANN, K. (1992). "Tendencias de la investigación social aplicada al deporte". En: *Políticas deportivas de investigación social*. Pamplona: Gobierno de Navarra (pp 5-4).

ISHIKAWA, K. (1994). Introducción al Control de Calidad. Madrid: Díaz de Santos S.A.

LAGARDERA, OTERO, F. y MARTÍNEZ MORALES, J. R. (1998). *Deporte y Ecología: La emergencia de un conflicto*. Madrid: Ed. Alianza Ciencias Sociales.

LARAÑA, E. (1986). "Los Nuevos Deportes en las Sociedades Avanzadas", *Revistas de Occidente*, 62.

VALDÉS PÉLALES, L. y RUIZ VEGA, A. (1996). *Turismo y Promoción de destinos turísticos* "Implicaciones empresariales". Oviedo: Universidad de Oviedo.

132

MIGUEL DAVILA, J.A. (2002). Calidad del Servicio Sector Turístico. A Coruña: Editorial Netbiblo.

MIRANDA, J.; LACASA, E. y MURO, I. (1995). "Actividades Físicas en la Naturaleza: Un Objetivo a Investigar. Dimensiones Científicas" *Apunts: Educación Física y Deporte*, 41.

MIRO, I. (1994)."La Montaña: Terreno de Juego" *Integral*, 173, 38-43.

OLIVERA BETRÁN, A. y OLIVERA BETRÁN, J. (1995). "Propuesta de una clasificación Taxonómica de las Actividades Físicas de Aventura en la Naturaleza. Marco Conceptual y Análisis de los criterios Elegidos". *Apunts: Educación y Deporte*, 41.

OLMOS LOPE, A. (1994). *Estudio del impacto ambiental en la realización de nuestras actividades físico-recreativas en la naturaleza.* Madrid: INEF.

ORGANIZACIÓN MUNDIAL DEL TURISMO, SEMINARIO (1994). "La calidad un reto para el Turismo "Congreso Organización Mundial del Turismo Madrid www.worldtourism.com.

PARASURAMAN, A y BERRY, L (1993). *Marketing de los servicios: la calidad como meta.* Paramón ediciones S.A.

PARASURAMAN, A.; ZEITHAML, V.A.; BERRY, L.L. (1985) "A conceptual model of service quality and its implications for future research & development". *European Journal of Marketing*, 49, 41-50.

PARASURAMAN, A., ZEITHAML, V.A., BERRY, L.L. (1988). "SERQUAL a multiple-Item Scale for Measuring Consumer Perceptions of service Quality". *Journal of Retailing*, 64, 12-40.

REGUERO OXINALDE, M. (1994). *Ecoturismo. Nuevas formas de turismo en el espacio rural.* Barcelona: Ed. Bosch Turismo.

SALVOLDELLI, J. y WALTER, A. (2001). *Preparación para los Deportes de Aventura.* Barcelona: Ed. De Vecchi.

SMITH, F. L. (1996). *Introducción a la ecología de mercado.* Madrid: Instituto de Ecología y Mercado. Colección Papeles del Instituto. Fundación para el Análisis y los Estudios Sociales.

TURISMO & AVENTURA (2002). "Turismo Activo" *Turismo & Aventura*, 88, 28-39.

VÁZQUEZ CASIELLES, R. "Estrategias de Marketing Turístico: Oportunidades para el turismo Rural fundamentos en la calidad de servicio" *IV Seminario de Turismo Rural* TURISPORT Fundación Semana Verde de Galicia.

VERA REBOLLO, F. (1992). "La dimensión Ambiental de la Planificación Turística: una Nueva Cultura para el Consumo Turístico" *Papers de Turisme,* 10, 25-39.

VILLALVILLA, H y MARTÍN, S. (1994). "Cuando los deportes blancos degradan las montañas". *Gaia,* 16, 61-64.

VILLAVILLA, H. (1994). *El Impacto de las actividades deportivas y de ocio/recreo en la naturaleza.* Ed. Aedenat.

VOGELER RUIZ, C y HERNÁNDEZ ARMAND, E. (1999). *Estructura y Organización del Mercado Turístico,* Madrid: Centros de Estudios ramón Areces, (1ª Edición 1995 Madrid).

VV.AA. (1995). "Actividades Físicas de Aventura en la Naturaleza: Análisis Socioculturales". *Apunts: Educación Física y Deporte,* 41.

ZEITHAML, V.A., BERRY, L.L. y PARASURAMAN, A. (1993). "The nature and Deteminants of Customer Expetations of service". *Journal of the academy of Marketing Science,* 21 (1), 1-12.

CAPÍTULO 7.
ANÁLISIS DEL CICLO FORMATIVO EN CONDUCCIÓN DE ACTIVIDADES FÍSICO-DEPORTIVAS EN EL MEIDO NATURAL

Prof. Dr. Pablo Caballero Blanco
Facultad del Deporte
Universidad Pablo de Olavide de Sevilla

D. Eduardo Ramos Ramírez
Asesor FP-CEP Motril, (Granada)

1. INTRODUCCIÓN

La formación profesional en el ámbito de las actividades físicas en el medio natural (AFMN), es una vía formativa en auge, que sin embargo es poco conocida en profundidad entre los profesionales del sector.

El presente capítulo pretende ofrecer una descripción detallada sobre el ciclo formativo de grado medio de conducción de actividades físico-deportivas en el medio natural. Para ello, primero se realiza una contextualización del ciclo formativo en la formación profesional y a continuación se profundiza sobre el ciclo formativo objeto de análisis.

2. LA FORMACIÓN PROFESIONAL EN EL SISTEMA EDUCATIVO ESPAÑOL

La formación profesional en el sistema educativo español se define como el conjunto de acciones formativas que tienen por objeto la cualificación de las personas para el desempeño de las diversas profesiones, para su empleabilidad y para la participación activa en la vida social, cultural y económica (Real Decreto 1147/2011).

Las finalidades que persiguen las diferentes acciones formativas de la formación profesional son (Real Decreto 1147/2011):

Cualificar a las personas para la actividad profesional y contribuir al desarrollo económico del país.

• Facilitar su adaptación a los cambios profesionales y sociales que puedan producirse durante su vida.

• Contribuir a su desarrollo personal, al ejercicio de una ciudadanía democrática, favoreciendo la inclusión y la cohesión social y el aprendizaje a lo largo de la vida.

La formación profesional del sistema educativo español se ordena en:

a) Los módulos profesionales específicos de los programas de cualificación profesional inicial (PCPI).
b) Los ciclos formativos de grado medio.
c) Los ciclos formativos de grado superior.
d) Los cursos de especialización.

El conjunto de ciclos formativos están organizados en módulos profesionales de duración variable y contenidos teórico-prácticos adecuados a los diversos campos profesionales, incluyendo un módulo de formación en centros de trabajo. Los ciclos formativos, tanto de grado medio como de grado superior, están referidos al Catálogo Nacional de Cualificaciones Profesionales. El currículo de estas enseñanzas se ajusta a las exigencias derivadas del Sistema Nacional de Cualificaciones y Formación Profesional (SNCFP).

Los alumnos que superen las enseñanzas de formación profesional de grado medio recibirán el título de Técnico. Los alumnos que superen las enseñanzas de formación profesional de grado superior recibirán el título de Técnico Superior.

En la familia profesional de Actividades Físicas y Deportivas existen dos ciclos formativos:

• Ciclo formativo de grado medio en Conducción de Actividades Físico-Deportivas en el Medio Natural.

• Ciclo formativo de grado superior en Animación de Actividades Físicas y Deportivas.

Como se puede ver en la figura anterior, además de la formación profesional existe otro tipo de enseñanza similar que pertenece a la Familia Profesional de Actividades Físicas y Deportivas denominada enseñanzas deportivas. Tienen una finalidad muy parecida, que consiste en preparar a los alumnos para la actividad profesional en relación con una modalidad o especialidad deportiva, así como facilitar su adaptación a la evolución del mundo laboral y deportivo y a la ciudadanía. Las enseñanzas de formación de técnicos deportivos están dirigidas a la obtención de los títulos oficiales de Técnico Deportivo y Técnico Deportivo Superior en las modalidades y especialidades reconocidas por el Consejo Superior de Deportes (CSD) del Ministerio de Educación y Ciencia, con validez académica y profesional en todo el territorio nacional. También se estructuran en dos grados: el grado medio, que conduce a la obtención del título de Técnico Deportivo; y el grado superior que permite conseguir el título de Técnico Deportivo Superior.

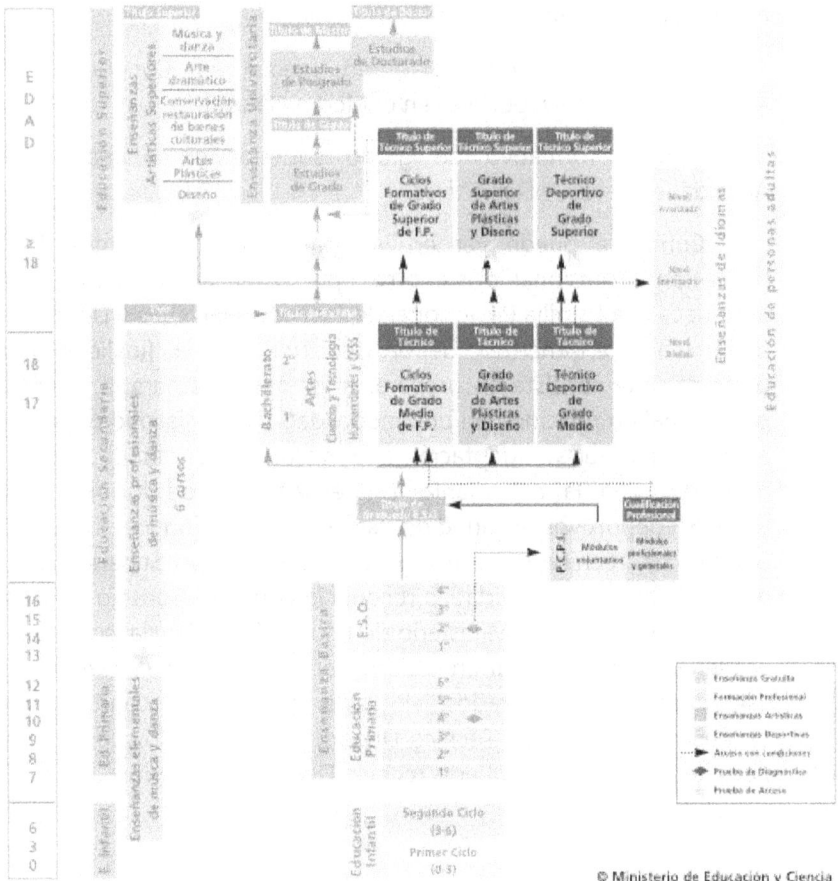

Figura 1. Ubicación de la formación profesional en el sistema educativo español.

Los títulos pueden ser relativos a una modalidad deportiva o a una especialidad deportiva perteneciente a una modalidad deportiva determinada. Asimismo, en una modalidad deportiva o en una especialidad puede haber titulo(s) de técnico y/o técnico superior. En la actualidad, las enseñanzas deportivas relacionadas con las actividades físicas en el medio natural son las siguientes:

Las titulaciones de las enseñanzas deportivas que están más relacionadas con el ciclo formativo de grado medio en conducción de actividades físico-deportivas en el medio natural son: Técnico Deportivo en media montaña, Técnico Deportivo en escalada y Técnico Deportivo en las disciplinas de resistencia, orientación y turismo ecuestre.

Tabla 1. Enseñanzas deportivas de grado medio y grado superior relacionadas con las actividades físicas en el medio natural.

ENSEÑANZAS DEPORTIVAS EN EL ÁMBITO DE LAS AFMN		
	Grado Medio	**Grado Superior**
Deportes de Montaña y Escalada	Técnico Deportivo en Alta Montaña	Técnico Deportivo superior en Alta Montaña
	Técnico Deportivo en Media Montaña	
	Técnico Deportivo en Escalada	Técnico Deportivo superior en Escalada
	Técnico Deportivo en Barrancos	
Deportes de invierno		Técnico Deportivo Superior en Esquí de Montaña
	Técnico Deportivo en Esquí Alpino	Técnico Deportivo superior en Esquí Alpino
	Técnico Deportivo en Esquí de Fondo	Técnico Deportivo superior en Esquí de Fondo
	Técnico Deportivo en Snowboard	Técnico Deportivo superior en Snowboard
Espeleología	Técnico Deportivo en Espeleología	
Buceo	Técnico Deportivo en Buceo con Escafandra Autónoma	
Hípica	Técnico Deportivo en las disciplinas de Resistencia, Orientación y Turismo Ecuestre	
	Nivel I	**Nivel II**	**Nivel III**
Piragüismo	Piragüismo	Kayak de mar	
		Piragüismo recreativo-Guía de aguas bravas	

139

3. ESTRUCTURA DE LOS TÍTULOS DE FORMACIÓN PROFESIONAL

Debido a la especificidad y peculiaridades que presenta la estructura de los títulos de formación profesional, en este apartado se explican los componentes que definen un título de formación profesional (según el Real Decreto 1147/2011); para ello, hemos seleccionado los más relevantes, que permiten comprender su estructura académica y la conexión con el ámbito laboral (tabla 2).

a) Competencia general: La competencia general de un título de formación profesional describe de forma abreviada el cometido y funciones esenciales del profesional. Tomará como referente el conjunto de cualificaciones profesionales y las unidades de competencia incluidas.

b) Competencias profesionales, personales y sociales: Las competencias profesionales, personales y sociales describen el conjunto de conocimientos, destrezas y competencia, entendida ésta en términos de autonomía y responsabilidad, que permiten responder a los requerimientos del sector productivo, aumentar la empleabilidad y favorecer la cohesión social.

Tabla 2. Estructura de un título de formación profesional.

TÍTULO DE FORMACIÓN PROFESIONAL
Competencia general
Competencias profesionales, personales y sociales
Unidad de competencia
Módulo profesional
Entorno profesional

c) Unidad de competencia: Cada título de formación profesional se organiza en unidades de competencia (UC). La unidad de competencia es el agregado mínimo de competencias profesionales, susceptible de reconocimiento, evaluación y acreditación parcial.

La unidad de competencia se expresa como realizaciones profesionales (RP) que establecen el comportamiento esperado de una persona en forma de consecuencias o resultados de las actividades que realiza.

Cada realización profesional es evaluable a través de un conjunto de criterios de realización (CR) que expresan el nivel aceptable de la realización profesional para satisfacer los objetivos de las organizaciones productivas y constituyen una guía para la evaluación de la competencia profesional.

El conjunto de la competencia se desarrolla en un contexto profesional en el que se describe con carácter orientador los medios de producción, los productos y resultados del trabajo, la información utilizada y generada y cuantos elementos de análoga naturaleza se consideren necesarios para enmarcar la realización profesional. Cada unidad de competencia lleva asociado un módulo formativo, donde se describe la formación necesaria para adquirir esa unidad de competencia.

d) Módulo profesional: El módulo profesional constituye la unidad coherente de formación profesional específica que permite conseguir competencias profesionales del título. Se considera equivalente al término materia y área de la formación general. Los elementos curriculares que constituyen un módulo son los objetivos, expresados en términos de capacidades terminales, los criterios de evaluación y los contenidos, tomando como referencia las competencias profesionales, personales y sociales que se pretenden desarrollar a través del módulo profesional.

Los ciclos formativos estarán compuestos como mínimo de los siguientes módulos profesionales:

- Módulos asociados a unidades de competencia del Catálogo Nacional de Cualificaciones Profesionales.
- Módulo de formación y orientación laboral.

- Módulo de empresa e iniciativa emprendedora.
- Módulo de formación en centros de trabajo.
- Módulo de proyecto, sólo para ciclos formativos de grado superior.

E) Entorno profesional: El entorno profesional describe el ámbito profesional en el que se desarrolla la actividad especificando el tipo de organizaciones, áreas o servicios; los sectores productivos, las ocupaciones y puestos de trabajo relacionados.

Tabla 3. Datos de identificación y normativa del título objeto de estudio.

DATOS DE IDENTIFICACIÓN
<ul><li>Denominación: conducción de actividades físico-deportivas en el medio natural.</li><li>Nivel: formación profesional de grado medio.</li><li>Duración: 1400 horas.</li><li>Familia profesional: actividad física y deportiva.</li><li>Nivel en el Marco Español de Cualificaciones: 2</li></ul>
NORMATIVA
<ul><li>Real Decreto 2049/1995, por el que se establece el título.</li><li>Real Decreto 1263/1997, por el que se establece el currículo.</li><li>Real Decreto 1147/2011, por el que se establece la ordenación general de la formación profesional del sistema educativo.</li><li>Decreto 390/1996, de 2 de agosto, por el que se establecen las enseñanzas correspondientes al   Título de Formación Profesional de Técnico en Conducción de Actividades Físico-Deportivas en el Medio Natural en la Comunidad Autónoma de Andalucía.</li></ul>

4. DESCRIPCIÓN DEL TÍTULO DE TÉCNICO EN CONDUCCIÓN DE ACTIVIDADES FÍSICO-DEPORTIVAS EN EL MEDIO NATURAL

A partir de los componentes de un título detallados en el apartado anterior, vamos a describir el Título de Técnico en Conducción de Actividades Físico-Deportivas en el Medio Natural (TCAFD). Las fuentes utilizadas son el Real Decreto 1147/2011 y el Decreto 390/1996.

a)   Datos de identificación: Los datos que identifican esta titulación y la normativa que lo define en la Comunidad Autónoma de Andalucía, se presenta en la tabla 3.

b)   Competencia general y competencia profesionales: La competencia general del técnico en conducción de actividades físico-deportivas en el medio natural y las competencias profesionales más relevantes, aparecen en el siguiente cuadro.

Recientemente, se han establecido mediante el Real Decreto 1147/2011, las competencias profesionales, personales y sociales que debe adquirir cualquier alumno que supere un ciclo formativo de grado medio. De las diez competencias descritas, reflejamos las más destacadas (tabla 5).

c)   Unidades de competencia y módulos formativos: Las unidades de competencia que forman esta titulación son cuatro y los módulos profesionales son once. Ambos se describen la tabla 6.

d)   Entorno profesional: El técnico en conducción de actividades físico-deportivas en el medio natural ha de realizar funciones de guía, conducción, dinamización, organización, evaluación, etc. en rutas de senderismo, itinerarios en bicicleta y rutas ecuestres.

Un técnico en posesión de este título tiene la posibilidad de ejercer su actividad tanto en la Administración y los Organismos Públicos como en las empresas privadas, actuando como monitor en diversas actividades físicas y al aire libre que el técnico planifique y que llevará a cabo con grupos de personas, teniendo en cuenta su edad, intereses y condición física.

Tabla 4. Competencia general y competencias profesionales
más relevantes del título de TCAFD.

COMPETENCIA GENERAL
Conducir a clientes en condiciones de seguridad por senderos o zonas de montaña (donde no se precisen técnicas de escalada y alpinismo) a pie, en bicicleta o a caballo, consiguiendo la satisfacción de los usuarios y un nivel de calidad en los límites de coste previstos.
COMPETENCIAS PROFESIONALES
• Participar en la **organización de actividades de conducción** concretando los objetivos, los recursos necesarios y los destinatarios y realizar las gestiones administrativas para que se lleven a cabo. • **Dinamizar las actividades** de forma que resulten atractivas, motivadoras y cumplan con las expectativas de los participantes. • **Recorrer con los clientes itinerarios a pie**, por senderos o zonas de montaña donde no se precise la utilización de material o técnicas de escalada y alpinismo. • **Realizar itinerarios con los clientes en bicicleta o a caballo** por terrenos variados. • **Actuar en condiciones de posible emergencia**, determinando la actuación más oportuna, transmitiendo con serenidad y celeridad las señales de alarma y aplicando los medios de seguridad establecidos. • **Mantener relaciones fluidas con los miembros del equipo de trabajo en el que está integrado**, colaborando en la consecución de los objetivos asignados al grupo, respetando el trabajo de los demás, participando activamente en la organización y desarrollo de tareas colectivas, cooperan- do en la superación de las dificultades que se presenten con una actitud tolerante hacia las ideas de los compañeros y subordinados.

Tabla 5. Competencias profesionales, personales y sociales de los ciclos formativos de grado medio, establecidas en el Real Decreto 1147/2011.

COMPETENCIAS PROFESIONALES, PERSONALES Y SOCIALES DE LOS CICLOS FORMATIVOS DE GRADO MEDIO
• Resolver problemas y contingencias de forma creativa e innovadora dentro del ámbito de su competencia, identificando las causas que los provocan.
• Supervisar el trabajo rutinario de otras personas asumiendo la responsabilidad necesaria para la evaluación y la mejora de procesos y procedimientos de trabajo, que garanticen la calidad del producto o servicio.
• Realizar y organizar con responsabilidad y autonomía el trabajo asignado en el ámbito de su competencia, cooperando o trabajando en equipo con otros profesionales en el entorno de trabajo.
• Comunicarse eficazmente, respetando la autonomía y competencia de las distintas personas que intervienen en el ámbito de su trabajo, para mejorar la calidad del trabajo y producto o servicio realizado.
Módulos formativos con contenidos prácticos, realizados en empresas al finalizar la formación en el centro educativo, llevando a cabo actividades propias de la profesión.
1. Proyecto integrado. 2. Formación en centros de trabajo.

5. ANÁLISIS DEL TÍTULO DE TÉCNICO EN CONDUCCIÓN DE ACTIVIDADES FÍSICO-DEPORTIVAS EN EL MEDIO NATURAL

Una vez descrito el título de TCAFD, vamos a analizar a nivel nacional el número de alumnos matriculados, los centros donde se oferta, el perfil de los alumnos y el de los profesores. Para ello, hemos revisado los datos estadísticos obtenidos por el Ministerio de Educación referentes a los últimos cinco cursos académicos previos al estudio, comprendidos entre el curso 2005/2006 y el curso 2009/2010, el informe elaborado por el Instituto Nacional de las Cualificaciones (INCUAL) y el Consejo Superior de Deportes (CSD) sobre la familia profesional de actividades físicas y deportivas (Ministerio de Educación, Política y Deporte, 2008) y el estudio de Homs (2008) sobre la formación profesional en España.

Tabla 6. Unidades de competencia y módulos formativos de la titulación de TCAFD.

UNIDADES DE COMPETENCIA
1. Conducir a clientes por senderos y rutas de baja y media montaña.
2. Conducir a clientes en bicicleta por itinerarios en el medio natural.
3. Conducir a clientes a caballo por itinerarios en el medio natural.
4. Realizar la administración, gestión y comercialización en una pequeña empresa.
MÓDULOS FORMATIVOS
Módulos formativos con contenidos teórico-prácticos, que se imparten en el centro educativo.
3. Desplazamiento, estancia y seguridad en el medio terrestre.
4. Conducción de grupos en bicicletas.
5. Conducción de grupos a caballo y cuidados equinos básicos.
6. Administración, gestión y comercialización en la pequeña empresa.
7. Fundamentos biológicos, salud y primeros auxilios.
8. Actividades físicas para personas con discapacidades.
9. Dinámica de grupos.
10. El sector de la actividad física y el deporte en Andalucía.
11. Formación y orientación laboral.

5.1. Número de alumnos matriculados

A partir de los datos estudiados, se puede afirmar que el título de TCAFD es un ciclo formativo en crecimiento dentro del auge que está viviendo la formación profesional española en la actualidad. El número total de alumnos matriculados ha aumentado progresivamente desde el curso 2005/2006 hasta el 2009/2010, incrementando además su peso dentro del total de alumnos matriculados en ciclos formativos de grado medio en España.

Este incremento de formación de técnicos en la titulación de TCAFD, responde a la demanda desde el mercado laboral de personal cualificado en el ámbito de las actividades físicas en el medio natural (Consejería de Agricultura y Desarrollo Rural de la Junta de Extremadura, 2010).

Tabla 7. Número total de alumnos matriculados en ciclos formativos
de grado medio y en el TCAFD en España.

	Número total de alumnos matriculados en grado medio	Número total de alumnos matriculado en el TCAFD	En % respecto al total de matriculados
Curso académico 2005/2006	230174	3399	1,5
Curso académico 2006/2007	232653	3819	1,6
Curso académico 2007/2008	236489	4144	1,8
Curso académico 2008/2009	249506	4694	1,9
Curso académico 2009/2010	271990	5348	2

Según el estudio El turismo de naturaleza en España y su plan impulsa, realizado por el Ministerio de Industria, Turismo y Comercio (2004), los productos relacionados con el turismo de naturaleza más ofertados a nivel nacional son el senderismo, la bicicleta de montaña y las rutas a caballo; seguidos en un segundo nivel por actividades multiaventura, piragüismo, escalada, alpinismo, descenso de barranco y actividades de educación ambiental.

5.2. Centros donde se oferta

Esta titulación se imparte de forma mayoritaria en centro públicos, con una proporción media próxima al 92% de alumnos matriculados en centros públicos y el otro 8% en centros privados.

Tabla 8. Número de alumnos matriculados en el título de TCAFD en España, según el centro (del 2005 al 2010).

	Número total de alumnos	En centros públicos	En %	En centros privados	En %
Curso académico 2005/2006	3399	3169	93,2	230	6,8
Curso académico 2006/2007	3819	3525	92,3	294	7,7
Curso académico 2007/2008	4144	3823	92,3	321	7,7
Curso académico 2008/2009	4694	4375	93,2	319	6,8
Curso académico 2009/2010	5348	4888	91,4	460	8,6

A la vez que ha aumentado el número de alumnos que cursaron sus estudios en centros públicos, también se ha incrementado el número de centros públicos en el que se oferta esta titulación, que ha pasado de 84 centros en el curso 2005/2006, a 108 centros en el curso 2009/2010.

La relación en porcentaje entre los centros públicos y privados donde se imparte el título de TCAFD, ha descendido ligeramente a favor de los centros privados; pero a pesar de esta tendencia, en el curso 2009/2010 la relación es del 91,5% centros públicos frente al 8,5 centros privados.

Estos datos coinciden con el resto de títulos de las distintas familias profesionales, considerando la formación profesional como un subsistema público (Homs, 2008).

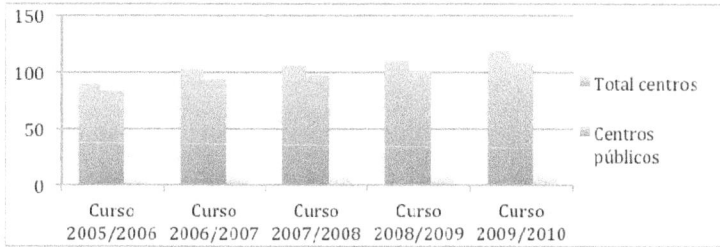

Figura 2. Representación gráfica de la evolución del número de centros que ofertan el título de TCAFD en España del 2005 al 2010.

5.3. Perfil de los alumnos según el sexo

En cuanto al sexo, se puede observar en la siguiente tabla, que es una titulación cursada en mayor medida por hombres. La relación entre hombres y mujeres matriculados durante el curso 2005/2006 al 2009/2010 se encuentra en torno al 70% hombres y 30% mujeres. La tendencia mostrada en estos cinco años acentúa aún más este desequilibrio, llegando al 74,2 % de hombres matriculados en el curso 2009/2010.

5.4. Perfil de los alumnos según la edad

Los alumnos que cursan el título de TCAFD siguen la misma distribución según la edad que el global de alumnos que estudian un ciclo formativo de grado medio en España. Como se puede observar en la siguiente figura, en torno al 5 % de alumnos tienen 16 años, siendo esta la edad mínima con la que un alumno puede cursar un ciclo formativo de grado medio (los alumnos que ingresan en el ciclo formativo con 16 años quiere decir que no han repetido ningún curso durante todo el periodo de enseñanza obligatoria). Aproximadamente el 67% de alumnos tienen entre 17 y 19 años y cerca del 33% tienen 20 años ó más.

Tabla 9. Número de alumnos matriculados en TCAFD en España,

según el sexo (del 2005 al 2010).

	Número total de alumnos	Hombre	En %	Mujer	En %
Curso académico 2005/2006	3399	2245	66	1154	34
Curso académico 2006/2007	3819	2549	66,7	1270	33,3
Curso académico 2007/2008	4144	2793	67,4	1351	32,6
Curso académico 2008/2009	4694	3300	70,3	1394	29,7
Curso académico 2009/2010	5348	3967	74,2	1381	25,8

La distribución de alumnos según la edad mostrada, se debe a varias razones (Homs, 2008):

- Pocos alumnos acceden a cursar un ciclo formativo sin haber repetido ningún curso durante el periodo de enseñanza obligatoria.

- Después de terminar el periodo de enseñanza obligatoria se incorporaron al mercado laboral, y tras unos años se reinsertan en el sistema educativo para complementar/ampliar su formación.

- No haber superado la enseñanza obligatoria y entrar mediante prueba de acceso.

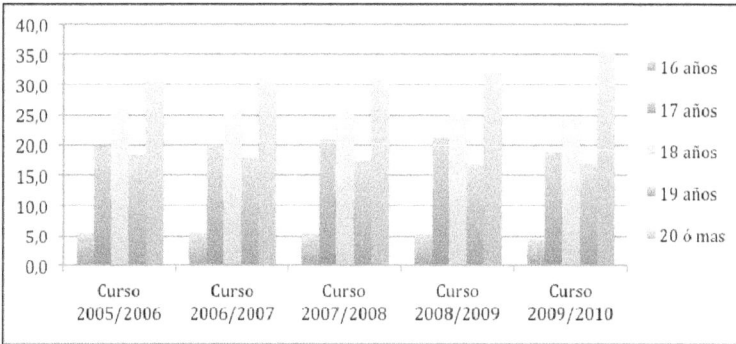

Figura 3. Representación gráfica de la distribución de los alumnos matriculas en el título TCAFD en España, según la edad (del 2005 al 2010).

5.5. Perfil de los alumnos según la vía de acceso

Los alumnos que acceden a cualquier ciclo formativo de grado medio, y en concreto al título de TCAFD, disponen de dos vías (según el Real Decreto 1147/2011):

- Acceso directo: aquellas personas que están en posesión del título de Graduado en Educación Secundaria Obligatoria; o que hayan superado los módulos obligatorios de un programa de cualificación profesional inicial PCPI) o el curso de formación específico para el acceso a ciclos de grado medio en centros públicos o privados autorizados por la Administración educativa.

- Prueba de acceso: aquellas personas que hayan superado la prueba de acceso a ciclos formativos de grado medio o de grado superior, o la prueba de acceso a la universidad para mayores de 25 años.

En Andalucía, la distribución porcentual de alumnos que han accedido desde el curso 2005/2006 al 2009/2010 al título de TCAFD de forma directa ronda el 80%, frente al 20% que han accedido mediante prueba de acceso.

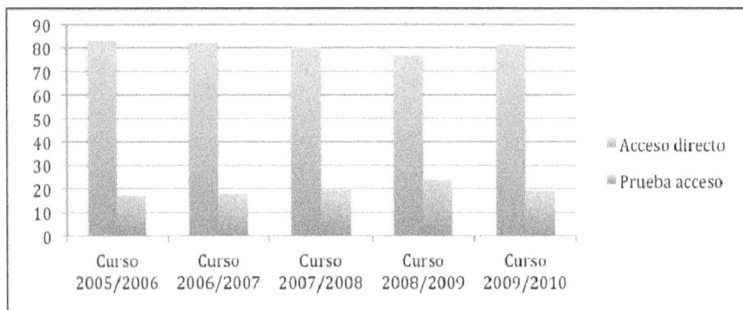

Figura 4 Representación gráfica de la distribución porcentual del alumnado de nuevo ingreso en el título de TCAFD en Andalucía.

Los datos de los alumnos que acceden al TCAFD en función de la edad y la vía de acceso, conjuntamente con otro tipo de estudios (Homs, 2008), señalan que una gran parte de alumnos que ingresan en la formación profesional, especialmente a los ciclos formativos de grado medio, han tenido un bajo rendimiento académico en estudios previos, presentan poca motivación por los estudios y rechazo al sistema educativo y tienen dudas en cuanto al ámbito profesional al que se quieren dedicar en el futuro.

La desmotivación por el entorno escolar, es una de las situaciones que si están presentes en un joven, pasa a formar parte del grupo denominado jóvenes socialmente desfavorecidos (Stiehl, 2000). El sistema educativo y los centros escolares están desconectados de la realidad en la que estos jóvenes viven. No ofrecen respuestas a sus necesidades reales y aprenden más en la "vida" fuera del centro educativo.

Otras situaciones que pueden acompañar a la desmotivación por el entorno escolar, y que igualmente pueden hacer que un joven forme parte de este grupo, son la falta de participación significativa y duradera en actividades, la pobreza, los entornos inseguros, la falta de referentes adultos positivos y pertenecer a una minoría racial (Stiehl, 2000; Pardo, 2008).

Ser "desfavorecido" no es simplemente una etiqueta, es una condición en la que las opciones para conseguir un desarrollo personal y social adecuado pueden verse limitadas (Pardo, 2008).

5.6. Perfil de los profesores

Los profesores que pueden impartir clase en el título de TCAFD, forman parte del cuerpo de profesores de enseñanza secundaria, pero pertenecen a distintas especialidades en función del módulo profesional. En Andalucía, según el Decreto 390/1996, la especialidad requerida en función de los módulos profesionales se pude ver en la tabla 10.

Es interesante señalar que los profesores de educación física que imparten el grueso de módulos formativos del título de TCAFD, son Licenciados en Ciencias de la Actividad Física y del Deporte. Como en dicha titulación solamente hay una asignatura trocal (materia que se imparte en todas las Facultades de Ciencias de la Actividad Física de España) de 4,5 créditos denominada Actividades en el medio natural (Sáez y Giménez, 2005), provoca que la mayoría de los docentes tengan una formación inicial escasa en relación a los contenidos a impartir en los módulos profesionales en los que tienen competencia.

Este déficit formativo es compensado por parte de los docentes con la realización de cursos de formación continua ofertados por los Centros de Profesores (CEP) y/o realizando otro tipo de cursos formativos externos (como cursos de postgrado universitarios, cursos federativos, etc.).

Otro aspecto a destacar es que la mayoría de los profesores que imparten docencia en el título de TCAFD carecen de experiencia profesional en el tejido productivo de las actividades físicas en el medio natural (Homs, 2008).

El resultado de una formación deficitaria del profesorado y de una falta de experiencia profesional en el sector, es la transmisión a los alumnos de una serie de competencias profesionales reconocidas por las mismas empresas como aceptables, pero sin una especialización y capacidad práctica que satisfaga las exigencias de los empresarios. Por lo general, los períodos de prácticas en centros de trabajo no son suficientes para contrarrestar estas deficiencias (Homs, 2008).

Tabla 10. Especialidad del profesorado en función de los módulos formaticos del título de TCAFD.

MÓDULOS FORMATIVOS	ESPECIALIDAD DEL PROFESORADO
1. Desplazamiento, estancia y seguridad en el medio terrestre.	• Educación Física.
2. Conducción de grupos en bicicletas.	• Educación Física.
3. Conducción de grupos a caballo y cuidados equinos básicos.	• (1)
4. Administración, gestión y comercialización en la pequeña empresa.	• Formación y Orientación Laboral.
5. Fundamentos biológicos, salud y primeros auxilios.	• Educación Física.
6. Actividades físicas para personas con discapacidades.	• Educación Física.
7. Dinámica de grupos.	• Educación Física.
8. El sector de la actividad física y el deporte en Andalucía.	• Educación Física. • Formación y Orientación Laboral.
9. Formación y orientación laboral.	• Formación y Orientación Laboral.
10. Proyecto integrado.	• Educación Física.
11. Formación en centros de trabajo.	• Educación Física.

(1) En la impartición de este módulo profesional podrá participar un Profesor Especialista de los previstos en el artículo 33.2 de la Ley 1/1990, de Ordenación General del Sistema Educativo. Es decir, se podrá contratar a un profesor especialista en hípica, pero el profesor responsable del módulo profesional y de la actividad será un profesor de educación física.

NUEVOS RETOS PARA LAS EMPRESAS DE TURISMO ACTIVO

6. NECESIDADES EN LA ENSEÑANZA DEL TÍTULO DE TCAFD

A partir de la descripción y análisis del título de TCAFD en España, hemos detectado una serie de necesidades en su enseñanza (Caballero, 2012), que se presentan a continuación:

a)   Desarrollar en el alumnado de forma integrada las competencias profesionales, personales y sociales. Tradicionalmente se han desarrollado casi exclusivamente las competencias profesionales (conocimientos y habilidades técnicas), olvidando el desarrollo personal y social. Es necesario diseñar una intervención didáctica que englobe la enseñanza de la responsabilidad, autonomía, trabajo en equipo, etc. a la vez que aprendizajes técnicos propios de las AFMN como la técnica de conducción de una bicicleta de montaña.

Un técnico que guíe a un grupo de clientes por una ruta de senderismo, debe ser capaz de garantizar la seguridad de las personas que están a su cargo, comunicarse correctamente con el grupo, trabajar en equipo con otros guías, etc.

b)   Atender de forma específica a los jóvenes socialmente desfavorecidos. Los alumnos que se matriculan en el título de TCAFD con una desmotivación hacia el entorno escolar, con falta de oportunidades para participar en actividades en las que se sientan implicados de forma significativa, con falta de referentes adultos que se preocupen por ellos, etc., precisan una enseñanza fundamentada en la adquisición de competencias personales y sociales, para de forma conjunta poder adquirir las competencias profesionales propias del título de TCAFD.

c)   Mejorar la formación del profesorado en la enseñanza de las competencias personales y sociales. Es necesario incrementar la formación del profesorado en la enseñanza de la responsabilidad, la autonomía, las habilidades sociales, la resolución de conflictos, etc., a través de las actividades físicas en el medio natural. Los docentes han de conocer y aprender las bases teóricas de programas de intervención contrastados, estrategias metodológicas específicas, recursos didácticos, pautas de resolución de conflictos, etc.

d)   Fomentar el trabajo en equipo del profesorado. El trabajo en equipo es algo más que participar de forma conjunto con otros docentes en una misma actividad; supone establecer un proyecto educativo común, establecer normas de convivencia consensuadas, planificar la intervención de forma coordinada entre los diferentes módulos profesionales, etc. Los propios docentes son los primeros beneficiados del trabajo en equipo, repercutiendo también sobre el alumnado.

e)   Ofrecer oportunidades de transferencia. El aprendizaje de las competencias profesionales, personales y sociales que deben adquirir los alumnos como técnicos en conducción de actividades físico-deportivas en el medio natural, se ve dificultado por la corta duración del periodo de enseñanza de dicha titulación y por el perfil de los alumnos. Ofrecer situaciones donde el alumnado deba poner en práctica los aprendizajes adquiridos en clase, con sus propios compañeros o en otros contextos, les proporciona experiencias sobre el desempeño de su futura actividad profesional, dotan de significado los aprendizajes, ofrecen una visión cercana de las salidas profesionales y contribuyen al desarrollo personal.

Figura 5 Necesidades en la enseñanza del título de TCAFD

7. BIBLIOGRAFÍA

CABALLERO, P. (2012). Diseño y evaluación de un programa de responsabilidad personal y social a través de actividad física en el medio natural con alumnos de formación profesional. [Tesis doctoral no publicada]. Universidad Pablo de Olavide, Sevilla, España.

CONSEJERÍA DE AGRICULTURA Y DESARROLLO RURAL DE LA JUNTA DE EXTREMADURA (2010). Propuesta técnica y económica para: "elaboración de un estudio de necesidades formativas transfronterizas concerniente a actividades de ocio y tiempo libre, gastronomía y agroturismo en el área de actuación de los proyectos DEMETER, Tajo Internacional y Tierras del gran lago de Alquevar" (nº expediente: 1032122CT007). Informe de Actividad consultoría y desarrollo. Extremadura, España.

HOMS, O. (2008). La formación profesional en España. Hacia la sociedad del conocimiento. Barcelona: Fundación "la Caixa".

MINISTERIO DE EDUCACIÓN, POLÍTICA SOCIAL Y DEPORTE (2008). La familia profesional de actividades físicas y deportivas. Madrid, España.

MINISTERIO DE INDUSTRIA, TURISMO Y COMERCIO. (2004). El turismo de naturaleza en España y su plan de impulso. Informe de U.T.E. Antar-Ecotono. Madrid, España.

PARDO, R. (2008). La transmisión de valores a jóvenes socialmente desfavorecidos a través de la actividad física y el deporte. Estudio múltiple de casos: Getafe, L'Aquila y Los Ángeles. [Tesis doctoral no publicada]. Universidad Politécnica de Madrid, Madrid, España.

REAL DECRETO 390/1996, de 2 de agosto, por el que se establecen las enseñanzas correspondientes al Título de Formación Profesional de Técnico en Conducción de Actividades Físico-Deportivas en el Medio Natural en la Comunidad Autónoma de Andalucía. BOJA nº 112, de 12 de septiembre de 1997.

REAL DE CRETO 1147/2011, de 29 de julio, por el que se establece la ordenación general de la formación profesional del sistema educativo. BOE nº 182, de 30 de julio de 2011.

SÁEZ, J. Y JIMÉNEZ, F.J. (2005). Análisis de la oferta formativa en actividades en el medio natural. Lecturas: Educación Física y Deportes. Revista Digital, [en línea], 10, 83. Disponible en: http://www.efdeportes.com/efd83/mnatural.htm   [Consulta: 2009, 15 de junio].

STIEHL, J. (2000a). The way it is. En D. HELLISON, N. CUTFORTH, J. KALLUSKY, T. MARTINEK, M. PARKER Y J. STIEHL (eds.), Youth development and physical activity: Linking universities and communities (pp. 3-16). Champaign, IL: Human Kinetics.

CAPÍTULO 8.
EL MARKETING COMO HERRAMIENTA EN LAS EMPRESAS DE TURISMO ACTIVO

D. Pedro Bento
Director de la empresa Emotion Sport
Beja (Portugal)

1. INTRODUCCIÓN

Toda organización empresarial, es consciente de la importancia y el valor que representa la marca que le representa. Las marcas son cada vez más importantes, y cuando han sido bien gestionadas, pueden valer más incluso que la propia empresa que la creo y controla.

La valoración de las marcas se basa en una idea simple: hacer que los productos y servicios comercializados bajo su imagen, evoquen y provoquen emociones en los consumidores, que alimentan sus aspiraciones sobre tener una vida mejor. La capacidad de promover experiencias con el consumidor es una de las fuentes de valor de la marca, que permite diferenciar sus productos y le aporta personalidad.

Se puede observar una preocupación cada vez mayor entre los consumidores, por mejorar la calidad de vida, que se materializa en tener mejores experiencias a través de por ejemplo viajes a destinos alternativos al sol y playa. En este contexto, los destinos rurales están en condiciones de desarrollar un destino turístico privilegiado para la creación de marcas únicas que evocan la autenticidad, la vuelta a lo natural. Este tipo de marcas, dan valor a los productos más allá de su material tangible, proporcionándoles componentes hedónicos e intangibles, que pueden originar nuevos significados y atributos para los consumidores.

2. EL PAPEL DEL MARKETING TURÍSTICO

Desde el año 2004 el incremento anual de los ingresos generados por el turismo a nivel mundial aumentó un 4% en términos reales y ha creado más de 34 millones de puestos de trabajo. En 2008 el turismo representó el 5,9 millones de dólares lo que equivale al 9,9% del PIB mundial y el 8,4% del empleo total se espera que en los próximos diez años duplique su importancia. El mantenimiento de una tasa de crecimiento anual del 4% en el año 2018 será el responsable de la creación de 287 millones de puestos de trabajo y el 10,5% del PIB mundial (Consejo, 2008).

El crecimiento de la industria del turismo ha ido acompañada de una creciente importancia concedida a la comercialización del turismo (Baker y Cameron, 2008; Cooper y Hall, 2008). El marketing asociado con las localidades y regiones se ha convertido en una actividad central en la gestión regional, ya que puede generar una ventaja competitiva. Las ventajas que puede aportar son: generar una diferenciación del destino turístico, poner en valor los componentes intangibles (estilo de vida, aspectos culturales, etc.) y generar sinergias de comunicación/publicidad entre marcas comunes de la región. Este tipo de marketing tiene como objetivo central conseguir que un destino turístico sea rentable económicamente, a la que sostenible a lo largo del tiempo.

La autenticidad es una característica clave de una marca comercial relativa a un destino turístico. Para conseguirlo, es necesario que se definan los valores fundamentales de un destino, puesto que serán los que se asociarán con la imagen de dicha marca y se publicitarán posteriormente (Morgan y col., 2002). Los destinos turísticos que no hayan identificado sus valores correctamente o no los desarrollan de forma adecuada, no impregnarán su marca de autenticidad y no serán capaces de relacionarse de manera efectiva con los turistas. Por lo tanto, es de vital importancia conocer las características de un destino, para poder identificar los valores que forman parte de su identidad, y que posteriormente generarán una imagen del mismo en los visitantes.

Actualmente, hay una tendencia en los turistas de buscar experiencias y productos únicos, que escapen de las copias y la banalidad (Yeoman y col., 2007). Se identifica un amplio grupo de turistas en busca de experiencias singulares en destino turístico, que a la vez le permita conocerlo de forma interactiva (Boyle, 2004). La elección del destino turístico se está sofisticando cada vez más, al intervenir en la decisión el criterio de visitar un lugar con encanto, único, singular, en el que sea posible interaccionar y conocer parte de su estilo de vida (Morgan y col., 2004).

En este mismo sentido, a los turistas les gusta formar parte activa del viaje y poder asumir roles diferentes de los que tienen durante su vida cotidiana (Morgan y col., 2002). En definitiva, hay una demanda por la autenticidad, por la singularidad y la diferenciación, en contraposición de los destinos turísticos masificados y tradicionales.

También hay que señalar, que está incrementando el número de turistas que visitan un lugar por su historia y tradiciones, lo que se denomina como turismo cultural (Comisión, 2006). La autenticidad y el patrimonio histórico y cultural son valores que hacen que un destino sea singular, atractivo. Los destinos ricos en historia y tradiciones son más fácilmente percibidos como auténticos, porque la historia es la garantía de la verdad y no algo que está construido artificialmente (Yeoman y col., 2007). Un destino basado en la autenticidad requiere una gran implicación de la comunidad local (Yeoman y col., 2007).

Figura 1. Ejemplo de actividad en el medio natural con quad.

Entre las diversas características asociadas a un destino cultural y que confieren autenticidad al mismo, destacan los productos y platos regionales y todo el conocimiento local en su elaboración. "El alimento, las personas y los lugares de un destino son los que conforman su patrimonio y su carácter, y por lo tanto lo dotan de su propia autenticidad" (Yeoman y col., 2007; p. 1135). Los platos y la comida de un área en particular son una expresión de la región, puesto que se producen con ingredientes locales y con el conocimiento que viene de las tradiciones, formadas por las circunstancias históricos que hacen de cada plato único e imposible de poner en práctica en otras regiones (Groves, 2001). Pero los consumidores no buscan sólo el producto terminado, sino todas las condiciones sociales y culturales en las que el producto se ha generado (Littrell y col., 1993).

Gran parte de la autenticidad asociada a un destino está enraizado en las costumbres, prácticas y productos locales, involucrando a los residentes y la generación de ingresos para ellos. Así, cuando un destino turístico tiene sus raíces en la autenticidad de la comunidad y la sostenibilidad, estás se refuerzan mutuamente (Yeoman y col., 2007).

Los entornos rurales pequeños, son enclaves muy adecuados para crear un destino turístico basado en la autenticidad, puesto que permite diferenciarse de otro tipo de turismo, a la vez que conservar el estilo de vida local. En estos casos, es posible crear una marca basada en la autenticidad, que cumpla con dos objetivos fundamentales del marketing aplicadas a los destinos turísticos: la diferenciación y la sostenibilidad.

3. EJEMPLO DE UNA MARCA MEDIANTE UNA EMPRESA DE TURISMO ACTIVO EN PORTUGAL: EMOTION SPORTS

A pesar de la creciente importancia de las marcas en las empresas, hace relativamente poco tiempo que se está trabajando en los municipios portugueses con una orientación de marketing. Esta tardía adopción de una perspectiva de mercado, ha mantenido a los destinos rurales portuguesa lejos de su potencial turístico.

Para la construcción de una marca es necesario realizar un trabajo coherente y continuo, de lo contrario, cualquier intento esporádico de marketing es una manera de gastar el dinero y no una inversión. La consistencia necesaria para el desarrollo de marcas es una tarea difícil de conseguir por parte de las autoridades, puesto que el grueso de las orientaciones estratégicas son cambiadas cuando se produce un cambio del ejecutivo; por lo que es difícil conseguir uno de los principales objetivos del marketing: la diferenciación. Para lograr que una diferenciación perdure en el tiempo, es necesaria la sostenibilidad. En este sentido, y dado que las regiones son el hogar de una serie de actores heterogéneos que contribuyen a sus características, es necesario una diferenciación basada en valores que son capaces de generar la participación de los actores regionales que van a cumplir con sus especificaciones.

En el caso de Emotion Sports (life on adventure), desde su concepción, la comercialización ha estado siempre presente. La elección del lugar en el que asentarse y desarrollar la actividad empresarial, sin duda, fue un hito importante para la empresa. El lugar seleccionado fue la región del Alentejo, en concreto, el

163

entorno cercano a Beja, en el que se encuentra un hotel rural de la cadena Vila Gale Group (una empresa de alojamientos turísticos en Portugal). La selección de los elementos diferenciadores y de autenticidad, a la vez que incorporar al mayor número de actores del destino, ha logrado crear una estructura de turismo verdaderamente sostenible y dinámica, que hace que los productos locales poco a poco vayan ganando notoriedad nacional.

Figura 2 Imagen de donde se realiza la actividad empresarial de Emotion Sport.

3.1. Origen y finalidad de Emotion Sports

El proyecto Emotion Sports nace del conocimiento compartido de sus promotores, que fue adquirido durante los años de estudio (Licenciatura en Ciencias de la Actividad Física y del Deporte) y trabajo en empresas e instituciones, relacionadas con el deporte y el turismo. La empresa tiene la finalidad de ofrecer un conjunto de servicios que permitan optimizar y rentabilizar los recursos naturales de nuestra región, el Alentejo. Es decir, conseguir que a través de la oferta de productos turístico relacionados con las actividades deportivas, fuera posible poner en valor el patrimonio natural de la región, despertar emociones y experiencias únicas en los turistas, y siempre que sea posible también en la población local.

Figura 3. Logo que sirve de imagen de la empresa.

Los valores determinados de la empresa, que deben guiar las acciones e integrarse en los distintos productos ofertados, son:

- Responsabilidad y seguridad en las actividades.
- Servicios de calidad.
- Formación continua y cualificada empleados.
- Respeto por la naturaleza.
- Desarrollo sostenible.

A partir de estos valores surge la misión de la empresa: proporcionar servicios que produzcan emociones a través de la práctica del deporte y la participación en actividades sociales y culturales, con la promoción del concepto: emotion, life on adventure.

3.2. Análisis DAFO de Emotion Sports

A continuación se presenta el análisis DAFO de la empresa Emotion.

3.2.1. Oportunidades

- Beneficiarse de un mercado emergente.
- Aumento de la demanda poco a poco estos servicios por parte de los turistas y lugareños.
- Reducción del suministro de las iniciativas de animación turística, es decir, la falta de factores de carga que permiten

la estancia de los visitantes y la población local en su tiempo libre.

- El ICEP, junto con otras asociaciones es el de promover nuestro turismo en el extranjero, un audaz proyecto para la promoción de nuestra región que pueden influir en el nivel absoluto de turistas al año y el tipo de turista (en Portugal la mayor parte de los turistas que visitan nuestro país se encuentra en viaje de negocios).
- Los espacios naturales de la región están sin explorar.

3.2.2. Amenazas

- La crisis económica actual es un punto importante a considerar, ya que no hay certeza de su recuperación, se estima que a finales de 2007, la economía estaba en aumento, pero es sólo una estimación. Este factor no es controlado por la empresa.
- Turismo estacional, en función de la época del año (fluctuación de la demanda).
- La impunidad legal con la que actúan algunas entidades que conforman la actividad turística sin tener licencia para hacerlo, como es el caso de algunas tiendas, algunos clubes, algunas asociaciones de los llamados sin animo de lucro e incluso grupos informales de amigos que empiezan a organizar actividades para ellos mismos y terminan vendiendoselas a los turistas.
- Las áreas que presenten posibilidades turísticas es limitado.
- La debilidad de la economía local.
- La red de alojamiento rural de la región se encuentra en etapa de desarrollo.

3.2.3. Fortalezas

- La motivación de los promotores para la creación de su propio trabajo.
- Capacidad para moverse dentro del medio ambiente.
- Espíritu empresarial.
- Know-how adquirido en la experiencia laboral.

- El conocimiento del mercado.
- La capacidad de bajar los precios, con un turismo de calidad superior a la existente en el mercado.
- La diversidad del tipo de los servicios ofrecidos.
- Crear vínculos entre los agentes económicos estrictos con el fin de impulsar el turismo en beneficio de empresas privadas y para el desarrollo de la región. Como ejemplo ilustrativo es el caso del acuerdo de asociación entre los puntos Emotion y Vila Galé.
- La fiabilidad del material utilizado por los monitores y la atención prestada en la seguridad de las actividades.
- Políticas comerciales activas.
- Personal cualificado y con formación continúa.
- Difusión de los servicios de la empresa a través de la página web de la empresa y redes sociales (Facebook). Toda la información es gestionada por el propio equipo.

Figura 4 Ejemplo de actividad desarrollada por la empresa Emotion Sport.

3.2.4. Debilidades

Necesidad de crear una estructura operativa de acuerdo con un tamaño razonable y la necesidad de sacar provecho de una inversión de gran magnitud, en un sector que, aparentemente, se considera que poseen un retorno de la inversión de alrededor de 7-9 años.

3.3. Análisis de la animación turística en la región del Alentejo

La animación turística capta a nuevos turistas, más activos y exigentes, que solicitan, dentro del espacio de ocio, la práctica de actividades deportivas y culturales. En el caso de los destinos rurales, donde es posible ofertar productos para este tipo de clientes, a veces estos se limitan a ofertar un alojamiento, encontrando una falta de animación, que limita el desarrollo turístico de la zona.

Las empresas de turismo rural en la región del Alentejo que ofertan servicios de alojamiento y de animación, ponen el valor en el servicio de alojamiento (destacando la cercanía a la naturaleza, comodidad o ambiente familiar), y dejan en un segundo plano y poco estructuradas las actividades de animación. "a expensas de otras actividades para la animación.

Sin embargo, cabe señalar que los espacios rurales, cada vez más, se están convirtiendo en destinos turísticos relacionados con los conceptos de autenticidad, naturaleza, descanso, y que se combinan con actividades culturales, deportivas y de entretenimiento. Los visitantes han dejado de buscar solo un lugar de descanso y de evasión de la vida cotidiana, para incorporar durante su estancia la práctica de otras actividades deportivas, culturales, etc. Los turistas y los residentes están cada vez más orientados a la participación y al descubrimiento del conocimiento, dejando atrás vacaciones relajantes en el sol, donde domina el descanso pasivo. En general, los visitantes de las zonas rurales en busca de oportunidades de contacto con la naturaleza, las tradiciones, la gastronomía, la artesanía, las poblaciones locales y, finalmente, con nuestro rico patrimonio rural.

Las actividades turísticas engloban un concepto muy amplio. En este caso, nos vamos a centrar solo en las empresas de animación turística. En un sentido estricto, se puede definir como: las que tienen por objeto la exploración de ocio, culturales, deportivas o de ocio, que contribuyen al desarrollo del turismo en una región en particular y no configurarse como centros turísticos, empresas turísticas en las zonas rurales casas en la naturaleza, los establecimientos de restauración o de bebidas, agencias de viajes y operadores turísticos o de turismo marino.

Figura 5 Ejemplo de actividad desarrollada por la empresa Emotion Sport.

Los productos de las empresas turísticas propias de animación y similares, tratan de responder la pregunta, cada vez más importante, que se plantean los turistas para seleccionar un destino: ¿qué puedo hacer en este país, en esta región o en este lugar?

La creciente importancia atribuida a la existencia de estas actividades en las zonas rurales ha provocado la emergencia de iniciativas de pequeñas empresas con el propósito específico de la prestación de servicios en esta área. Las áreas rurales ofrecen amplias oportunidades para el desarrollo de actividades de entretenimiento, que deben adaptarse a las especificidades de los territorios y la tipología de los destinatarios (jóvenes, adultos, familias). Cabe señalar que en los destinos turísticos rurales, las actividades de entretenimiento tienen un alto grado de autenticidad, que se ajustan a las singularidades y cultura de la vida local.

El aumento del turismo en las zonas rurales, está provocando un aumento en las expectativas de los turistas, que provoca un aumento de la demanda de la calidad de los servicios, lo que origina la necesidad de la profesionalización y continúa mejora de las empresas de animación turística.

Figura 6 Ejemplo de incentivo de empresa organizada por la empresa Emotion Sport.

Los factores claves para conseguir el éxito de la animación turística en la región del Alentejo, son:

- El desarrollo de la animación: se pretende que sea un punto fuerte de los productos ofertados.
- La calidad de los servicios: es necesario desarrollar en las empresas la capacidad de la satisfacer al cliente (crear sonrisas).
- Incorporar un personal técnico altamente cualificado.
- Incentivar la asociación entre los diversos agentes económicos de la región: es un factor importante de éxito, ya que minimiza el riesgo del proyecto.
- Promover el desarrollo regional: la mejora de la animación turística contribuye a poner en valor a la región.

7. BIBLIOGRAFÍA

BAKER, M. and CAMERON, E. (2008). Critical success factors in destination marketing. Tourism and Hospitality Research, 8 (2), 79-97.

BOYLE, D. (2004). Authenticity: Brands, fakes, spin and the lust for real life. London: Harper Perennial.

BRITO, C. (2008). Uma Abordagem Relacional ao Valor da Marca. FEP Working Papers, 297.

BUHALIS, D. (2000). Marketing the competitive destination of the future. Tourism Management, 21 (1), 97-116.

COMMISSION, E. T. (2006). Tourism Trends for Europe. Cook, K. (1982). Guidelines for Socially Appropriate Tourism Development in British Columbia. Journal of Travel Research, 21 (1), 22-28.

COOPER, C. and HALL, M. (2008). Contemporary Tourism: An International Approach. Oxford: Elsevier.

COUNCIL, W. T. T. (2008). Progress and Priorities 2008/2009. London: World Travel & Tourism Council.

GRÄNGSJÖ, Y. (2003). Destination Networking Co-opetition in Peripheral Surroundings. International Journal of Physical Distribution & Logistics Management, 33 (5), 427-448.

GROVES, A. (2001). Authentic British food products: a review of consumer perceptions. International Journal of Consumer Studies, 25 (3), 246-254.

HANKINSON, G. and COWKING, P. (1993). Branding in Action: Cases and strategies for profitable brand management. London: McGraw-Hill.

HIRSCHMAN, E. and HOLBROOK, M. (1982). Hedonic Consuption: Emerging Concepts, Methods and Propositions. Journal of Marketing, 46, 92-101.

JAMAL, T. and GETZ, D. (1995). Collaboration Theory and Community Tourism Planning. Annals of Tourism Research, 22 (1), 186-204.

KELLER, K. (2003). Strategic Brand Management: Building, Measuring, and Managing Brand Equity. Upper Saddle River, NJ: Prentice Hall.

LENCASTRE, P. (2007). O Livro da Marca. Lisboa: Publicações Dom Quixote.

LITTRELL, M., ANDERSON, L. and BROWN, P. (1993). What makes a craft souvenir authentic? Annals of Tourism Research, 20, 197-215.

PIKE, S. (2004). Destination Marketing Organisations. Oxford: Elsevier Science.

RICHARDS, G. y WILSON, J. (2006). Developing creativity in tourist experiences: A solution to the serial reproduction of culture?. Tourism Management, 27, 1209-1223.

RITCHIE, R. and RITCHIE, J. (2002). A Framework for an Industry Supported Destination Marketing Information System. Tourism Management, 23, 439-454.

STORPER, M. (1997). The Regional World. Territorial Development in a Global Economy. New York: The Guilford Press.

YEOMAN, I., BRASS, D. and Mcmahon-BEATTIE, U. (2007). Current issue in tourism: The authentic tourist. Tourism Management, 28, 1128- 1138.

CAPÍTULO 9
RESUMENES DE PÓSTERES
PRESENTADOS EN EL
I CONGRESO INTERNACIONAL DE ACTIVIDAD
FÍSICA EN EL MEDIO NATURAL
(23 y 24 de Marzo del 2012;
Universidad Pablo de Olavide, Sevilla)

Título	**FORMATO EDUCATIVO DE LOS RAIDS DE AVENTURA EN CENTROS DE ENSEÑANZA**
Autores	Antonio Baena Extremera, Antonio Granero Gallegos, José Antonio Sánchez Fuentes, José David Ayala Jiménez*, Raquel Vaquero Cristóbal, Marina Martínez Molina.
Afiliación	Facultad de Ciencias del Deporte. Universidad de Murcia.
Contacto	abaenaextrem@um.es

RESUMEN

1. Introducción y objetivos

Las posibilidades educativas de las actividades en el medio natural, hoy por hoy, son uno de los objetivos fundamentales a conseguir por profesores, entrenadores, monitores, técnicos, etc. En numerosos trabajos podemos encontrar referencias hacia las bondades de las mismas, como por ejemplo en Baena (2010), Granero y Baena (2007), Martín Bengoetxea (1995), entre otros. Una de las inclusiones más novedosas, son la de los raids de aventura en los centros educativos, por tanto, el objetivo de este trabajo es mostrar algunos ejemplos de la organización de pruebas de este tipo.

2. Método

Desde una metodología reflexiva básica, descriptiva, microsociológica y de naturaleza documental, se exponen a continuación algunos detalles sobre los raids de aventura educativos. Estudiando la escasa bibliografía existente, podemos hablar de:

a) **Raid de Aventura Escolar (RAE):** Los RAE son competiciones que se desarrollan en la naturaleza, en la que se disputan diferentes modalidades deportivas, siempre en equipo y con una duración variable. Se organiza dentro de una unidad didáctica, generalmente para grandes fiestas escolares, o competiciones locales entre colegios. Las características más comunes que definen los RAE son (adaptado de Capdevilla y Aguilera, 2001):

- Son pruebas multidisciplinares, es decir, se disputan diferentes modalidades deportivas, siempre en el medio natural: carrera a pie, orientación, btt, escalada, progresión por cuerdas, tirolinas, rápeles, tiro con arco. Normalmente, todos los recorridos de la competición se realizan con los mapas que se entrega para pasar por los puntos de control, ayudados por la brújula.
- Se realizan en equipos, compuestos por entre 2 y 6 competidores, dependiendo del raid. También se puede exigir que el equipo sea mixto, es decir, al menos uno de los miembros debe ser del sexo contrario.
- Las competiciones pueden durar algunas horas, según los casos.
- Antes de iniciarse el raid los corredores reciben los mapas de la competición y un road book, con toda la información necesaria para el desarrollo del raid. En el road book se especifican todos los puntos de control, repartidos a lo largo de todo el itinerario en cada una de las etapas o secciones (si las hubiera), y son de paso obligado. Saltarse un control puede significar la anulación de toda la carrera o sección. Cada sección suele tener un tiempo máximo autorizado de paso; llegar más tarde puede significar la eliminación.
- El objetivo es llegar a ser un deportista polivalente capaz de moverse por los terrenos más diversos y adversos, dotado de una gran capacidad de improvisación.
- Se busca trabajar la capacidad de convivencia y cooperación entre los miembros del equipo.
- Deben seguirse escrupulosamente las normas de protección ambiental y medidas de seguridad en el raid, ya que algunas implican un cierto riesgo.
- Los practicantes deben respetar las propiedades privadas, los prados y los campos

labrados.

b) **Los Raid Pedagógicos:** según Olivier Bessy (Savoldelli y Walther, 2001), se ha demostrado que este tipo de práctica deportiva posee un interés educativo y pedagógico, siempre y cuando se respete cierto número de reglas de seguridad y se ponga énfasis en determinados aspectos novedosos en cuanto a las nuevas prácticas, las relaciones con los demás y el respeto al prójimo y al entorno. Veronique Geoffroy, especialista en actividades de tiempo libre y turismo deportiva, afirma que este tipo de raid se basa sobre todo en el despertar de los niños a la naturaleza. Los chicos descubren huellas de animales, aprenden a hacer trabajos manuales, a construir pequeñas cabañas. La idea de carrera no aparece, sino que se aprende a respetar el entorno y a compartir con otros niños. Además de esto, algunas de las pruebas son ideales para canalizar la energía de los niños revoltosos o al contrario, para hacer que los tímidos se abran a los demás con algunas disciplinas como la escalada. Así mismo, las posibilidades que ofrece una prueba de este tipo para el papel educativo de la educción física es enorme, tanto que nos podríamos dedicar a hacer raids o gymkhanas educativas (su semejante) durante años en nuestras clases.

3. Conclusiones
Como conclusión final, decir que estas propuestas son y deben ser cada día más, incluidas en las prácticas con escolares, en forma o no de competición.

4. Bibliografía

Baena (2011). Programas didácticos para Educación Física a través de la educación de aventura. Revista Espiral, Cuadernos del profesorado, 4(7), 3-13.

Granero, A. y Baena, A. (2007). Importancia de los valores educativos de las actividades físicas en la naturaleza. Revista Habilidad motriz, 29, 5-14.

Granero, A. y Baena, A. (2010). Actividad física en el medio natural. Teoría y práctica para la Educación Física actual. Ed. Wanceullen. Sevilla.

Martín Bengoetxea, A. (1995). Actividades físico/deportivas en el medio natural: riesgos y beneficios psicológicos. II Congrés de les ciéncies de l´esport, l´educació física i la recreació de L´INEFC-Lleida. Aplicacions i fonaments de les activitats físico/esportives. Lleida.

Capdevilla, L. y Aguilera, M.; (2001): "Raids: la aventura del deporte". Ed. Desnivel. Madrid.

Título	**FREERUNNING: UNA OPCIÓN PARA PEQUEÑAS POBLACIONES RURALES**
Autores	Maria José Pachon, Hermán Manzano, Francisco Javier Domínguez Muñoz y Carmen Merino.
Afiliación	
Contacto	

RESUMEN

1. Introducción

El medio rural español, formado por el 21% de la población (INE), ha vivido, en los últimos decenios, numerosas e importantes transformaciones. Estos procesos de cambio han supuesto significativos avances hacia una mayor calidad de vida, pero también desequilibrios demográficos, socioeconómicos y territoriales. A pesar de las numerosas iniciativas públicas y privadas, la realidad es que la oferta deportiva, como parte fundamental e ineludible de la sociedad, es muy reducida y, en la mayoría de los casos, insuficiente.

2. Actividades físicas en la naturaleza

Hoy, más que nunca, se considera que la práctica sistemática de actividad física es una sólida alternativa en la promoción y mejora de la calidad de vida del individuo. (Biddle, 1993; Márquez,1995; Morgan y Goldston, 1987; Stephens, 1988; Willis y Campbell, 1992). Sin embargo, en la inmensa mayoría de las pequeñas localidades de zonas rurales la oferta deportiva es muy escasa; la población, reducida tanto en edades escolares como en edad adulta, se ve obligada a desplazarse a núcleos urbanos cercanos para poder practicar deporte. Ejercitarse físicamente, disfrutar y vivir experiencias reconfortantes, satisfactorias y estimulantes son los principales motivos de práctica físico deportiva aludidos por la población (García Ferrando, 2006), sin embargo, ¿qué pasa si existe motivación pero no existen opciones de práctica deportiva?

Las actividades deportivas al aire libre han tenido una gran difusión en los últimos años. Deportes como el montañismo, la escalada, el ciclismo, el esquí o los deportes náuticos se han popularizado llegando a grandes sectores de la población, pero se trata, en la mayoría de los casos, de actividades que requieren de complejos y caros equipamientos, que no están al alcance de la mayoría.

Se hace necesario encontrar una actividad física que reúna todas las características y beneficios de las actividades en la naturaleza mencionados anteriormente pero que, además, se pueda practicar de forma individual o en pequeño grupo, durante todo el año, completa (en cuanto a capacidades físicas, cualidades motrices y psicológicas) y económico.

3. Freerunning

El término *FREERUNNING* (carrera libre), acuñado por primera vez por Sebastien Foucan (2003), se refiere a una forma de desplazamiento por el entorno más expresiva y creativa que el *parkour* tradicional (David Belle), una suerte de "sigue tu propio camino". En la actualidad, la disciplina se está volviendo cada vez más intensa y acrobática, con movimientos cada vez más complejos y arriesgados, perdiendo un poco el sentido original de "correr". Así pues, ¿porqué no recuperar la carrera y los movimientos naturales del ser humano?¿Acaso nos hemos olvidado del origen del *Parkour* y del Método Natural? Quizá sea hora de dejar de lado los aspectos más filosóficos de la disciplina y volver a considerar el *freerunning* como un método de entrenamiento completo y saludable que nos va a permitir satisfacer nuestras necesidades de movimiento, libertad, aventura, superación, autonomía personal y, lo más importante, de contacto con la naturaleza.

176

Los beneficios físicos para la salud del *FREERUNNING* (Will Wayland, 2011) son claros: Resistencia aeróbica y anaeróbica, pérdida de peso, fuerza y potencia, equilibrio y propiocepción, agilidad y flexibilidad; y las ventajas respecto a otras disciplinas, también:

- No necesita de instalaciones complejas: los obstáculos del mobiliario urbano, de parques infantiles y, sobretodo, del entorno natural como bosques, ríos, rocas, campos...forman el mejor escenario para la actividad.
- Únicamente se requiere un calzado adecuado que pueda soportar el peso del cuerpo con una superficie que asegure su agarre, así como una ropa cómoda que nos permita libertad de movimientos
- Independencia. No se necesita un gran número de participantes para desarrollar la actividad.
- Propician el conocimiento, el respeto, la conservación, la mejora y el disfrute del medio natural

4. Propuesta de trabajo

Basada en el Método Natural de George Hébert, el *freerunning* consiste en trazar un recorrido en línea recta superando todos los obstáculos que se interponen en el camino (tales como muros, rocas, desniveles, árboles), ejecutándolo con la mayor seguridad, eficacia y armonía posible.

Nuestro planteamiento se apoya en la intervención de los maestros y profesores de Educación Física para fijar unos conocimientos y habilidades que se mantengan cuando el alumno termine su escolarización creando hábitos de práctica de actividad física extraescolar.

- **Técnicas y movimientos**: perfeccionar las propias habilidades naturales de cada uno para poder desplazarse por el entorno con eficacia y fluidez: desplazamientos, saltos, recepciones.
- **Seguridad, prevención y primeros auxilios, "ser y durar":** nuestro objetivo será reducir el riesgo al mínimo: no correr riesgos innecesarios, conocer los propios límites y utilizar ropa y calzado adecuado

5. Conclusiones

Desde que David Belle, junto con sus compañeros crearan el *Parkour* el interés por este tipo de prácticas no ha dejado de aumentar, sobre todo en la población adolescente, olvidando los valores que transmite, así como su apariencia externa, queda de manifiesto que es una disciplina que conlleva una serie de beneficios tanto físicos, como psicológicos. Esto hace que el *freerunning* pueda ser una opción económica válida para practicar actividad física en contacto con la naturaleza en poblaciones rurales pequeñas.

6. Bibliografía

García Ferrando, M. *Posmodernidad y deporte: Entre la individualización y la masificación. Encuesta sobre hábitos deportivos de los españoles 2005*. Madrid: CSD y CIS, 2006.

RUIZ, A. (1995). Como Vivir la Aventura y la Naturaleza en España. Martínez Roca. Barcelona.

Morgan, W.P. y Goldston, S.E. (1987), *Exercise and mental health*. Washington:Hemisphere.

Sánchez Bañuelos, F. (1996), *La actividad física orientada hacia la salud*. Madrid: Biblioteca Nueva.

Título	La enseñanza de la orientación deportiva a través del libro digital
Autores	Antonio Granero Gallegos, Marina Martínez Molina, Raquel Vaquero Cristóbal, Antonio Baena Extremera, Juan Manuel Serrano Pérez, José Antonio Sánchez Fuentes
Afiliación	Facultad de Ciencias del Deporte. Universidad de Murcia.
Contacto	abaenaextrem@um.es

RESUMEN

1. Introducción y objetivos

Las tecnologías de la información y la comunicación (TIC) son una realidad que hay que afrontar como docentes. Como expone Área (2010), los diversos trabajos publicados intentando sistematizar o identificar el "estado de la cuestión" sobre los factores, procesos de integración y uso de las tecnologías digitales a nivel escolar evidencian que se trata de un proceso de inmersión complejo. Son numerosos los estudios centrados en el análisis de las prácticas con uso de las TIC en las aulas (Condie & Munro, 2007), si bien muestran, cómo una de las conclusiones más relevantes, que a pesar del incremento de la disponibilidad de recursos tecnológicos en los centros educativos, la práctica pedagógica del profesorado no supone necesariamente una destacable alteración del modelo de enseñanza tradicional.

En la literatura encontramos algunas experiencias en la necesaria actualización y formación permanente del profesorado de Educación Física (EF) a través de las TIC; Granero-Gallegos (2008) expone el éxito de la utilización de la plataforma Moodle en una experiencia de teleformación con profesorado de EF (primaria y secundaria) en actividades físicas en el medio natural. La integración de las TIC en nuestras metodologías de enseñanza-aprendizaje requiere del planteamiento de formas innovadoras de intervención y de participación con el alumnado. Por ello, el diseño y creación de un libro digital en relación con un determinado contenido de enseñanza supone una manera activa de la presentación de contenidos multimedia y del fomento de la participación del alumnado.

El objetivo de este trabajo es exponer el diseño de un libro digital en relación con contenidos de orientación en el medio natural y orientación deportiva, aplicando diferentes herramientas y recursos TIC.

2. El libro digital de orientación deportiva

Se ha diseñado una herramienta digital con MyScrapbook utilizando e integrando las TIC en el trabajo individual y grupal del alumnado, así como en la presentación de tareas. Para acceder al libro digital y a todos sus contenidos: http://cepindalo.es/librodigital/libro20/

En el índice del libro se observa el planteamiento definitivo para la introducción del alumnado en la orientación deportiva, partiendo de información básica, diseñada y realizada por el grupo de profesores, y de experiencias reales. Estas experiencias se han realizado con el alumnado de la asignatura de Actividades Físico-Deportivas en el Medio Natural de la Facultad de Ciencias del Deporte de la Universidad de Murcia por una parte y, por otra, en un exhaustivo rastreo y posterior selección de información Web publicada. Se han seleccionado, tanto vídeos explicativos de situaciones reales, como enlaces para trabajos realizados en entornos de federaciones deportivas, clubes y centros educativos de diferentes niveles.

Todo ello, con la posibilidad de que cada alumno puedan seguir contribuyendo a la ampliación de experiencias e información del libro digital elaborado. Cada página del mismo queda abierta a que se puedan seguir subiendo propuestas de ampliación, reflexiones y análisis de documentos, imágenes, vídeos, etc.

El libro digital consta de siete capítulos y dentro de cada uno de ellos se desarrollan diferentes contenidos a través de artículos, vídeos, enlaces, imágenes, etc. (figura 1): Capítulos: 1. El mapa; 2. La brújula; 3. Sistema de Posicionamiento Global (GPS); 4. La orientación deportiva; 5.

Federaciones oficiales del deporte de orientación; 6. Distintas formas de practicar orientación deportiva; 7. Experiencias de orientación a nivel escolar

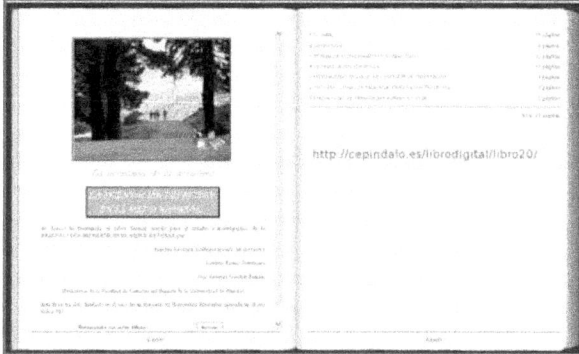

Figura 1.- Portada e índice del libro digital

3. Conclusiones

El diseño y creación de un libro digital en relación con uno de los principales contenidos de enseñanza en relación con las actividades físico-deportivas en el medio natural ha supuesto una experiencia claramente satisfactoria para los componentes de este proyecto, pues ha conllevado profundos momentos de reflexión individual y grupal para un diseño adecuado del libro digital, partiendo, incluso, de un índice completo que introdujera al alumnado hacia el conocimiento del contenido, de lo más general a lo más particular.

Este libro tiene la ventaja de no necesitar claves de acceso para el alumnado y se puede visitar desde cualquier parte con acceso a Internet. Supone que el alumno tenga una referencia clara y directa de lo estudiado con las propias experiencias de clase de las que ha sido protagonista. Además, puede realizar todas las aportaciones que considere convenientes en cada página del libro digital y corresponde al profesor que lo gestiona, aprobar o no la publicación definitiva de la contribución del alumno. Hasta que no es aprobada, no se hace pública. De esta manera, el libro digital puede crecer y crecer con las diferentes contribuciones (comentarios, imágenes, enlaces, vídeos, etc.) del alumnado participante.

4. Referencias

Condie, R. y Munro, B. (2007). *The impact of ICT in schools – a landscape review* [on line], [Consulta: 2010, 26 de octubre; recuperado de: http//partners.becta.org.uk].

Área, M. (2010). El proceso de integración y uso pedagógico de las TIC en los centros educativos. Un estudio de casos. *Revista de Educación*, 352, 77-97.

Granero-Gallegos, A. (2008). Una experiencia de teleformación del profesorado de Educación Física (Primaria y Secundaria) en actividades físicas en el medio natural. *Retos*, *13*, 39-45.

Título	El último superviviente. Propuesta didáctica para educación física
Autores	José Antonio Sánchez Fuentes, Marina Martínez Molina, Antonio Baena Extremera, Raquel Vaquero Cristóbal*, Antonio Granero Gallegos, José David Ayala Jiménez.
Afiliación	Facultad de Ciencias del Deporte. Universidad de Murcia.
Contacto	abaenaextrem@um.es

RESUMEN

1. Introducción y objetivos

A veces es necesario plantear sesiones diferentes o especiales a lo largo del curso y dentro de nuestra programación didáctica, buscando con ello presentar nuevas actividades o deportes desconocidos para nuestros alumnos, como base buscaremos aprovechar los conocimientos dados a los largo del curso, y más específicamente en este caso buscaremos una vez finalizada nuestras unidades didácticas del bloque de contenidos de medio natural y muy relacionadas con las de condición física. Una sesión diferente que haga una fusión de ambos bloques de contenidos de una manera más lúdica y llamativa para nuestros alumnos, por lo tanto nuestro objetivo será hacer una propuesta práctica de un carrera multiaventura adaptada al entorno escolar.

2. Métodos

Hemos planteado esta sesión para que se pueda realizar tanto a principio de curso como a final de este, y la hemos realizamos con los alumnos de 3º, 4º de la ESO, 1º y 2º de Bachillerato (Optativa). Para ello planteamos una carrera a base de pruebas múltiples y variables a lo largo de la clase de Educación Física, aprovechando el gran patio que disponemos, los alrededores de este y el gimnasio de nuestro instituto.

3. Desarrollo

Durante 50 minutos buscaremos el alumno/a más fuerte o habilidoso (o el que mejor administre sus fuerzas) de la clase mediante una batería de pruebas multiaventuras, realizando con ello una adaptación de las carreras multiaventuras (que tanto auge están teniendo) con los conocimientos dados en los cursos y clases anteriores, todos los alumnos estarán obligados a resistir y no parar durante la primera media hora o 25 minutos de clase yendo cada uno a su ritmo (por lo que el ritmo inicial serán bastante suave), en este caso, se preparó un circuito con ejercicios de autocarga, juegos de trepa, tracción, por grupos con etapas de 1:30 minutos en cada estación (descanso de 30 segundos entre estación y estación). Al terminar ésta deberán de correr por todo el patio en una pista americana que se han montado previamente con neumáticos, cambios de dirección, zona de de ejercicios de autocarga, sobrecarga ligera durante unos quince minutos. A partir de esa primera casi media hora todas las pruebas serán eliminatorias primero se montará un carrera de orientación muy sencilla con mapa (8 balizas para picar) por el patio, los últimos 5 chico/as en llegar y adivinar la palabra escondida o en picar las 8 balizas quedarán eliminados y nos ayudarán para las siguientes pruebas como jueces o ayudantes.

La segunda prueba consistirá en una carrera dándole la vuelta al instituto quedando eliminados los 5 últimas chicas y chicos. La siguiente prueba consistió en una prueba de un circuito de habilidad que consistía en realizar una serie de nudos de cabuyería en el menor tiempo posible (estos ya se habían visto con anterioridad), los dos últimos en hacer los tres nudos correctamente quedaron eliminados, quedaron 4 chicos y 4 chicas para la final que volvieron a la pista americana ya montada con algunas pruebas nuevas, (por los alumnos eliminados anteriormente) de transporte de neumáticos ,de equilibrio y agilidad, tiro con arco o lanzamiento de precisión... El último que llega tras darle dos vueltas a dicho circuito quedaba eliminado, así hasta llegar a nuestra chica y chico más fuerte de clase o nuestro último superviviente.

En dicha sesión participaron todos los alumnos de 3º,4º ESO y 1º, 2º bachillerato, fueron unos 230 alumnos aproximadamente, en diferentes horas lectivas.

4. Resultados

Solamente pasamos un cuestionario acerca de dicha actividad con los alumnos de bachillerato, 72 alumnos. Como datos más significativos de esta destacamos:

- El 83% disfruto de la actividad frente al 17% que le pareció aburrida o demasiado dura.
- El 71 % le gustaría participar en una carrera multiaventura después de dicha sesión.

Como posibles variantes nos planteamos:

- Hacer una sesión de estas en la playa a finales de curso aprovechando nuestra situación geográfica de vivir cerca del mar (Cartagena), pudiendo añadir opciones tales como juegos en la playa, nado y carrera dentro del mar. Ir a la montaña también sería más que factible.
- Hacer una de dos horas en el centro con varios grupos a la vez del mismo nivel o por edades, e incluso hacerlo con otros centros de la zona.

5. Conclusiones

Sin duda intentar que los alumnos conozcan otras posibilidades deportivas que existen más allá de las conocidas es una labor y misión como docentes del ámbito físico y deportivo, realizar clases diferentes con competiciones puede ser un paso previo para que alumnos decidan conocer y participar en actividades en el medio natural, en este caso carreras multiaventuras.

6. Bibliografía

Baena (2011). Programas didácticos para Educación Física a través de la educación de aventura. Revista Espiral, Cuadernos del profesorado, 4(7), 3-13.

Granero, A. y Baena, A. (2007). Importancia de los valores educativos de las actividades físicas en la naturaleza. Revista Habilidad motriz, 29, 5-14.

Granero, A. y Baena, A. (2010). Actividad física en el medio natural. Teoría y práctica para la Educación Física actual. Ed. Wanceullen. Sevilla.

Capdevilla, L. y Aguilera, M. (2001). Raids: la aventura del deporte. Ed. Desnivel. Madrid.

Título	Outdoor training: diseño de una herramienta formativa para los centros educativos
Autores	Jesús Sáez Padilla, Julio Fuentesal García
Afiliación	Universidad de Huelva y Andévalo Aventura SLL
Contacto	jesus.saez@dempc.uhu.es

RESUMEN

1. Introducción y objetivos

El éxito cosechado en el ámbito empresarial de las actividades outdoor training nos ha permitido recuperar una herramienta educativa en vigor en otros países pero no muy desarrollada en España. La utilización de actividades de reto y aventura realizadas en el medio natural nos permitirá trabajar la formación en competencias en el sistema educativo actual incidiendo en el desarrollo y transformación de actitudes y valores del alumnado (Jiménez y Gómez, 2005). Coincidiendo con Pilonieta (2002), nos encontramos con un desarrollo de competencias que permitan a las personas abordar su rutina laboral de un modo más inteligente y creativo, o lo que es lo mismo, con muchas más garantías de éxito.

Para Assens (2002) un verdadero programa de "outdoor training" multiplica los beneficios de la actividad lúdica gracias a la intervención de los siguientes procesos: diseño a medida del programa; reflexión y conceptualización posterior a la actividad identificando las oportunidades de cambio; y por último, transferencia y consolidación de los cambios al lugar de trabajo, o en nuestro caso en el aula.

La apuesta por su aplicación en el ámbito educativo la encontramos en Kurt Hahn (1886-1974), educador alemán y considerado en una de la figuras claves en el desarrollo de la educación a través de la experiencia y la educación al aire libre.

Los objetivos que nos planteamos son:
1.- Diseñar una herramienta formativa basada en el outdoor training.
2.- Aplicar el programa en los centros educativos.
3.- Analizar los resultados obtenidos una vez llevada a cabo la intervención.

2. Métodos

Primera Fase: diseño de la herramienta formativa y puesta en práctica en la provincia de Huelva.
Segunda Fase: análisis y evaluación de la propuesta llevada a cabo.
Tercera Fase: intervención en centros educativos andaluces.
El procedimiento tiene su fundamentación en el ciclo de Kolb (1984) que define y representa al outdoor traning (Reinoso, 2006).
Las cuatro fases son:
a) EXPERIMENTACIÓN CONCRETA. El educador implica a los participantes en una experiencia concreta. La experiencia puede ser un juego de low ropes, un juego con papel, una demostración, un video, un estudio de caso, etc. Se trata de experimentar a través de nuestros sentidos: vista, oído, tacto,.... y son esos sentidos los que generarán el aprendizaje.
b) OBSERVACIÓN Y REFLEXIÓN. Una vez realizada la experiencia, se le pide a los participantes repasar las experiencias desde varias perspectivas. Se hacen preguntas: ¿Qué sucedió?, ¿qué observó?, etc. Se trata de una observación reflexiva. Reflexionamos sobre nuestras experiencias personales, las analizamos y tratamos de comprender lo que

significan para nosotros.
c) CONCEPTUALIZACIÓN ABSTRACTA. Los participantes desarrollan teorías y miran patrones. Se hacen otro tipo de preguntas: ¿Cómo explica usted lo que observó?, ¿Qué significa para usted?, ¿Cómo es de significativo?, ¿Qué conclusiones puede usted dibujar?, ¿Qué principios generales puede usted derivar?, etc. A medida que integramos y sintetizamos nuestro análisis de experiencias, creamos "teorías" sobre por qué las cosas son como son. En esta fase se interpretan los acontecimientos.
d) EXPERIMENTACIÓN ACTIVA. En esta etapa los participantes sugieren nuevas formas para aplicar los principios que han aprendido. Se preguntan: ¿Cómo podemos aplicar este aprendizaje?, ¿De qué forma puedo actuar la próxima vez?, ¿Qué haría de una forma diferente?, etc. Cuando "ponemos a prueba" nuestras teorías en la realidad diaria, generamos un nuevo conocimiento y entendimiento que podemos aplicar en nuestras vidas.

3. Resultados
Nos encontramos en la primera fase de la investigación trabajando y diseñando la herramienta a utilizar en las etapas posteriores.

4. Conclusiones
Se requiere un trabajo extra con expertos para poder aplicar este instrumento formativo en la escuela, se requiere una adaptación para incluirlo en las programaciones y proyectos curriculares actuales

5. Bibliografía
Jiménez, P.J. y Gómez, V. (2006). Turismo activo y outdoor training. *Kronos, 3, 45-53.*
Pilonieta, G. (2002). *Desarrollo Empresarial. Propuesta de Diplomado en Aprendizaje Experimental.* Bogotá: Politécnico Marco Fidel Suárez, Equipo Cisne de Investigación.
Reinoso, M. (2006). Desarrollo de competencias emocionales en los individuos de una organización utilizando la metodología de formación: outdoor traning. Tesis doctoral inédita. Universidad de Granada.

Título	**Patente "caravanoa" *(pat.* P201131636. Dispositivo de arrastre de un tren doble de canoas. 11/10/2011)**
Autores	Kiko León Guzmán, Fco. Javier Gordillo Casimiro, Fernando Fernández Martínez, Ramón Torres García-Ortega
Afiliación	Universidad de Extremadura y Extremavela
Contacto	fleon@unex.es

RESUMEN

1. Introducción

Las actividades físicas y de ocio en la naturaleza vinculan la práctica deportiva y cualquier tipo de actividad física en espacios no convencionales, es decir, sin la necesidad de usar instalaciones totalmente regladas y reguladas, sino que pueden ser desarrolladas en espacios naturales. Actualmente están tomando un papel importante en la vida de las personas debido a la gran cantidad de beneficios que les aporta.

El presente trabajo se centra en el uso de estos espacios naturales, concretamente los espacios naturales acuáticos, los cuales, suelen estar claramente infrautilizados, principalmente en periodos invernales en los que el frío del ambiente y/o el agua, junto con el viento o a la escasez de recursos técnicos por parte de los usuarios, hacen que la explotación de los mismos se torne harto complicada.

Con la intención de paliar en la medida de lo posible esta dificultad, presentamos un nuevo invento al que hemos bautizado como "CARAVANOAS" (Pat. P201131636 11 octubre 2011, DISPOSITIVO DE ARRASTRE DE UN TREN DOBLE DE CANOAS) . Éste nuevo concepto trata de mejorar las posibilidades de uso de canoas en invierno. El mínimo conocimiento técnico de paleo o remada que garantiza el control de la embarcación y que, en periodos estivales, puede ser hasta un aliciente, se convierte en un peligroso enemigo cuando la temperatura del entorno desciende notablemente.

De ahí nace la necesidad de generar un sistema para iniciar a las personas noveles en la dinámica de remar de una manera segura y estable y poder seguir disfrutando (y explotando) esta actividad en cualquier época del año. Para ello, creamos un sistema de tracción para las canoas que aporte estabilidad y evite cualquier tipo de riesgo a través de una embarcación provista con un motor eléctrico de escasa potencia, la cual, lleva enganchado un soporte en forma de triángulo isósceles en la parte trasera donde se engancharán dos canoas en los vértices de dicho triángulo, e irán enganchadas a su vez otras dos, cuatro, seis... canoas tras las primeras, generando una "Caravana de canoas", unas seguidas de otras. A su vez, las canoas poseerán barras estabilizadoras entre las propias canoas, generando un sistema en forma de H detrás de la lancha motora.

Con este sistema, se pretende que aquellas personas que usan el "CARAVANOA" puedan disfrutar de una agradable actividad en canoa por los espacios naturales acuáticos, de manera segura y con la posibilidad de aprender la técnica de paleo sin riesgo alguno, pudiendo usar este tipo de recurso natural en cualquier época del año.

Título	**Programa con podómetro para fomentar la práctica físico-deportiva en el entorno urbano y natural de los escolares**
Autores	Alberto Grao Cruces, Emilio J. Martínez López y José Enrique Moral García
Afiliación	Universidad Pablo de Olavide y Universidad de Jaén
Contacto	

RESUMEN

1. Introducción y objetivos

La inactividad física se ha convertido en una de las principales preocupaciones para la administración pública. Iniciativas variadas se han llevado a cabo desde la escuela para fomentar la práctica físico-deportiva en el entorno urbano y natural de los adolescentes. El éxito de la mayoría de estos programas se ha cuestionado o resulta incierto. Instituciones educativas internacionales proponen el uso del podómetro para promocionar la actividad física en el entorno cercano de los escolares. Este instrumento, unido a aspectos adicionales de motivación, ha demostrado ser una alternativa válida contra la inactividad física. El objetivo del estudio fue conocer el efecto de una intervención con podómetro desde la Educación Física dirigida a incrementar la actividad física en el entorno urbano y natural del alumnado obeso.

2. Métodos

Participaron en el estudio 133 adolescentes con sobrepeso, con una edad media de 13.74 ± 1.41 años. El 55.84% fueron varones y el resto mujeres, con un peso medio de 75.73 ± 16.61 Kg y 72.91 ± 12.53 Kg respectivamente. El estudio fue realizado en tres centros públicos. Los centros fueron escogidos al azar y ubicados en una población de cuarenta mil habitantes perteneciente a la Comunidad Autónoma de Andalucía. El grupo control fue común, con alumnos de todos los institutos y no únicamente de uno, evitando la mediatización por cualquier otro programa. Estudio de medidas repetidas de tres semanas de duración, en las que los participantes fueron distribuidos en: G1(n=34) que portaron podómetro (Omron HJ-152-E) de su propiedad y tuvieron un programa de pasos con repercusión en la calificación; G2 (n=34) ídem con podómetro prestado y G3 (n=33) llevaron podómetro sin programa asociado. Se realizó análisis descriptivo de datos y análisis de varianza ANOVA y Prueba T.

3. Resultados

Los resultados mostraron un promedio de pasos/día de 11236 para el total de la muestra, superior en los grupos con programa asociado al uso del podómetro. Los sujetos fueron menos activos en el fin de semana ($p<0.05$), así como en los primeros días de intervención en comparación con los últimos ($p<0.05$). Más de la mitad del alumnado cumplió los objetivos mínimos del programa. No se encontraron diferencias estadísticamente significativas en función del sexo ni de la titularidad del podómetro.

4. Conclusiones

Se concluye que el uso del podómetro es un recurso didáctico innovador de utilidad para la promoción de la práctica físico-deportiva en el entorno urbano y natural. Los programas de pasos asociados a la utilización del podómetro potencian los efectos del uso de este instrumento. Intervenciones con podómetro son de gran aplicación práctica en los diferentes bloques de contenidos de la materia de Educación Física en la etapa de secundaria. Su uso se presta a propuestas de tipo interdisciplinar e intradisciplinar. Sin excluir su aplicación en otros ámbitos de la actividad física en el entorno urbano y natural.

Título	**Simuladores para deportes de sliz**
Autores	Kiko León Guzmán, Fernando Fdez. Martínez, Fco. Javier Gordillo Casimiro
Afiliación	Universidad de Extremadura.
Contacto	fleon@unex.es

RESUMEN

1. Introducción

En los años sesenta y setenta aparecen los deportes en la naturaleza (escalada, raffting, barranquismo, ...), en los cuales las personas deben utilizar todos los recursos para enfrentarse y superar los impedimentos que ofrece la naturaleza para poder disfrutar de ella. Este tipo de deportes se consolidan en los años ochenta y se expanden socialmente en los noventa y hasta la actualidad. Al igual que estos deportes en la naturaleza, hay que destacar otro tipo de actividades motrices que se están consolidando socialmente en la actualidad, se han convertido en deporte y también se practican en el medio natural, -en la mayoría de los casos,- pero cuyo objetivo principal es la fusión con la naturaleza que se produce al practicarlos y la mejora personal obtenida. Todos ellos tienen algo en común en cuanto a la especificidad del material que se necesita para practicarlos y el conjunto de sensaciones gratificantes que se obtienen con la simple practica de los mismos. Este tipo de deportes son conocidos como Deportes de Sliz y, entre ellos se encuentran, el snowboard, surf, wakeboard, skateboard, kitesurf, ...

Deportes de Sliz se define como *"Aquella práctica motriz en la que el deportista se desplaza, de manera directamente controlada, gracias a fuerzas propulsivas naturales o "arrastrado" por medios ajenos a él, sintiendo emociones y sensaciones hedonistas, fundamentalmente individuales."* (León Guzmán, Kiko; Parra Boyero, Manuel; 2001).

Al convertirse en la actualidad estas modalidades en deportes oficiales se busca una mejora del rendimiento y de la técnica, y desde la Facultad de Ciencias del Deporte de la Universidad Extremadura, se busca una manera de poder trabajarlas fuera del medio natural de forma que se la mejore la técnica de cara a su transferencia en las condiciones reales del medio natural. Esto se debe a que resulta altamente complejo mejorar o aprender gestos técnicos ("tricks") nuevos debido al riesgo que, habitualmente, conlleva realizarlo en el contexto real sin ningún tipo de adaptación que favorezca la seguridad y por la incertidumbre del medio en el que se desarrollan. Para ello se plantean en este trabajo una serie de simuladores de algunas modalidades deportivas de sliz en una sala de gimnasia artística, para que los practicantes noveles y no tan noveles puedan mejorar su técnica con total seguridad y proporcionar una progresión de aprendizaje más asequible y, sobre todo, más segura que en el entorno natural. Con el uso conjunto de distintos elementos y dispositivos provenientes de la gimnasia artística combinados con estructuras externas y equipamiento específico de los deportes de sliz, creamos una serie de simuladores con los que intentamos conseguir una primera aproximación a ciertas técnicas comunes a varios de ellos, por un lado, y una posible mejora técnica por otro.

La mejora de los elementos o gestos técnicos se centran, sobre todo, en una de las vertientes de este tipo de deportes, considerada en muchas ocasiones, más como un estilo de vida que como una forma de práctica deportiva. Evidentemente se trata del conocido como "Freestyle" o estilo libre, en el que los practicantes desarrollan su lado más creativo a la hora de desplazarse, o mejor, deslizarse por el medio natural.

2. Objetivos

- Diseñar, fabricar, probar y ajustar diferentes protocolos motrices que permitan la obtención de vivencias motrices específicas de los deportes de Sliz para su posterior transferencia al entorno real.

3. Métodos
- Sujetos practicantes de alguna modalidad deportiva de Sliz.

4. Resultados (análisis de datos y resultados obtenidos)
- En proceso de verificación. Actualmente en fase de ajustes de prototipos y obtención - tratamiento de datos.

5. Conclusiones
- Las sensaciones obtenidas con los simuladores de Sliz poseen un alto parecido con la situación real.
- El abordaje inicial de ciertas técnicas específicas de los deportes de Sliz se facilita sobremanera con el uso de simuladores de Sliz.

187

Título	Adaptación del sistema mide a rutas en bicicleta. Una primera aproximación.
Autores	Juan Antonio Arjona González
Afiliación	Universidad Pablo de Olavide
Contacto	arj0017@hotmail.com

RESUMEN

1. Introducción y objetivos

El MIDE es un sistema de comunicación entre excursionistas para valorar y expresar las exigencias técnicas y físicas de los recorridos. Su objetivo es unificar las apreciaciones sobre la dificultad de las excursiones para permitir a cada practicante una mejor elección (Paris, 2002.). El sistema MIDE puede ser utilizado de forma libre tanto para la persona que informa (complementando un una forma unificada las descripciones, valoraciones y recomendaciones que cada autor considere oportunas), como para el informado, que tiene que tener en cuenta que la que la naturaleza es más compleja que lo que un sistema de información puede valorar. A pesar de ser una herramienta completa, hay aspectos como la interpretación del paisaje, la dificultad técnica de progresión e información sobre el mapa, que no están contemplados en este instrumento.

El objetivo del presente trabajo es adaptar algunos de los parámetros contemplados en el sistema MIDE, para crear una herramienta de información para el usuario, que contemple otros elementos informativos del recorrido, y que a su vez, pueda adecuarse a otras actividades como las rutas en bicicleta.

2. Método

En esta adaptación para recorridos en bicicleta, al igual que en el MIDE, se va a recoger información de referencia y de valoración sobre la ruta a realizar. Esta se va a expresar a través de una tabla sencilla, de fácil comprensión. Las variables nuevas que se han incluido en esta adaptación son:
- El paisaje, la flora y la fauna que nos podemos encontrar durante el recorrido.
- Zonas de dificultades técnicas para la progresión.
- Y un mapa en el que se representan toda aquella información referente a la ruta, como pueden ser los puntos de inicio y fin, zonas sin cobertura, rutas alternativas, etc.

En este instrumento no se catalogan las rutas mediante una valoración numérica, sino que directamente se facilita la información referente a la propia ruta.

3. Resultados

El instrumento resultante es una ficha informativa en la que se asocia un icono a cada tipo de información. De esta forma, el usuario puede obtener de una forma rápida y fácil, toda la información referente a la ruta a realizar (tabla 1).

4. Conclusiones

Tabla 1. Instrumento de valoración de la ruta en bicicleta. Un ejemplo adaptado a la ruta Carlos V (Valle del Jerte, Cáceres).

Ruta: Carlos V – Puente Largo				**Fecha:** 14/09/2011	
Lugar de inicio: Camping Valle del Jerte		**Distancia total:** 13,5 km		**Lugar de finalización:** Centro de interpretación	
Duración: 90 min		**Desnivel de subida:** 142 m		**Desnivel de bajada:** 160 m	
Tipo de recorrido: ☒ Circuito ☐ Ida y Vuelta ☐ Travesía					
Nivel de la ruta: Medio-Bajo		**Dificultades técnicas:** Con un grupo avanzado, cuidado al inicio de la ruta.			
Tipos de vía: Caminos y Senderos para grupos avanzados.		**Problemas de cobertura:** En la cota 936 m			
Paisaje: Valle en V. La ruta trascurre por caminos entre parcelas de cultivos.		**Flora:** Castaños, cerezos, olivos y vides.		**Fauna:** Con suerte podremos ver: buitres, águilas, cabras montesas.	
Zonas de parada: Puente Largo.		**Mapa:**			
Observaciones: Realizar esta ruta preferiblemente en época de flor del cerezo.					

Con este método para itinerarios en bicicleta, buscamos una primera aproximación para poder llegar a crear un sistema de valoración de recorridos. El siguiente paso sería el iniciar un proceso la validación mediante la técnica de jueces expertos, y poderlo incorporar como herramienta de evaluación en actividades para empresas de turismo activo.

Título	Análisis de las lesiones en escalada
Autores	Francisco Ignacio Martínez Cabrera
Afiliación	Universidad Pablo de Olavide
Contacto	nasio_111@hotmail.com

RESUMEN

1. Introducción y objetivos

Actualmente, la escalada es una modalidad deportiva que está en auge. En la literatura científica han aparecido durante las últimas décadas multitud de estudios relacionados con esta materia con el objetivo de profundizar más en esta actividad. Un tema actualmente muy estudiado por los investigadores son las lesiones y accidentes sufridos durante la realización de esta actividad. El conocimiento descriptivo de los accidentes y lesiones en la escalada representan un aspecto fundamental para poder desarrollar estrategias para su prevención y disminución del riesgo para el escalador. El objetivo del presente trabajo es realizar una revisión en la literatura científica de los últimos análisis, datos y descubrimientos relacionados con las lesiones en escaladores.

2. Estudio de las lesiones en escalada

Realizar una revisión con las publicaciones más recientes en la literatura científica relacionada con las incidencias lesivas en escalada nos permitirá establecer una clasificación en función a los tipos de lesiones que se dan predominantemente en las distintas modalidades de escalada. Seguiremos el criterio establecido por Schöffl et al. en 2010, para clasificar las distintas modalidades de escalada en: deportiva, boulder, tradicional, indoor y en hielo. Los principales tipos de lesiones que podemos establecer con los datos encontrados nos permiten contemplar dos principales tipos de lesiones en la escalada: la ocurrida por un sobreesfuerzo y la acontecida por un golpe o traumatismo.

La probabilidad de sufrir una lesión y los niveles de riesgo que conllevan pueden verse afectados por distintos factores como la subdisciplina de escalada, experiencia y habilidades del escalador, dificultad de la ruta, equipo empleado, ubicación, clima, etc. Jones et al. (2007) indican que el mayor número de lesiones por sobreesfuerzo son causadas por movimientos forzados y comprometidos, así como que las caídas ocupan un menor porcentaje comparando la escalada indoor con la outdoor (Schöffl & Kuepper, 2006). Estos datos nos aportan dos importantes conclusiones. Una es la gran importancia que tiene la habilidad del deportista y la eficiencia de su técnica, la cual le permite solventar la misma situación con un mayor o menor grado de eficiencia (estudios nos muestran como los movimientos técnicos comprometidos son la mayor causa de las lesiones por sobreesfuerzo (Jones et al. 2007)). El otro factor importante, atendiendo al dato de Jones, es que las condiciones ambientales del lugar de escalada, la superficie de la roca, condiciones climáticas y demás factores externos (muchas veces imprevisibles), conlleva un mayor porcentaje de caídas en la escalada outdoor que en la indoor, en la que el sobreesfuerzo aparece como principal tipo de incidencia. Un entrenamiento racional, por ejemplo, evitaría en gran medida las lesiones por sobreuso (Schöffl et al. 2010). Este mismo autor nos indica que el riesgo de lesiones fatales al aire libre son superiores a la escalada indoor, ya que en esta modalidad se reducen riesgos como avalanchas, desprendimientos, grietas, etc.

En la escalada, las manos son utilizadas como herramienta para ascender, distribuyéndose las fuerzas aplicadas sobre los dedos a través de la muñeca, codo y hombro (Quaine et al., 2003). Diversos estudios nos han indicado como el 58-67% de las lesiones producidas en escaladores se dan en los miembros superiores, sobretodo en los dedos (la mayoría de ellas por sobreesfuerzo), a causa de las grandes tensiones que sufren (Schöffl et al., 2010; Quaine et al., 2003; Paige et al. 1998). El tipo de agarre realizado por el escalador influirá en la carga que soportarán los dedos. Schöffl & Schöffl, en 2007, realizaron diferentes diagnósticos para las lesiones en los dedos. Destacamos de estos autores las lesiones en las poleas como las más comunes, sobre todo en el 2° y 5° dedo (Bollen & Gunson, 1990; Bollen & Wright, 1994; Paige et al. 1998; Quaine et al, 2003); la tendinitis, la cual se diferencia de la anterior en que se dan casi siempre por un sobreentrenamiento, además de una repuesta inflamatoria que dura entre uno y varios días; daños en la cápsula articular y en el ligamento colateral; artritis y osteoartritis; rupturas totales o parciales del tendón; fracturas; etc.

Diversos estudios han indicado como el entrenamiento de fuerza (o entrenamiento con resistencias) (Sherck et al., 2010) así como el entrenamiento intensivo de escalada, conducen a unas reacciones de adaptación en forma de hipertrofia cortical (Schöffl et al. 2007), siendo una estrategia preventiva contra la fractura ósea (Pettersson et al., 1999 y Suominen, 2006, en Sherk et al., 2010). Un estudio realizado por Sherk mostró como el esqueleto de la columna vertebral de los escaladores tenía una densidad ósea menor que deportistas que realizaban periódicamente entrenamiento con resistencias. El resto de las distintas adaptaciones óseas que observaron en el citado estudio indican una similitud entre ambos grupos.

La escalada muestra un bajo nivel de riesgo de lesión por cada 1000 horas de práctica comparado con otros deportes. Evidentemente, estos valores varían según la subdisciplina de escalada realizada. Resulta llamativo comparar la incidencia lesiva de las distintas modalidades de escalada con otro deporte. Actividades muy difundidas y practicadas como el fútbol (9.4), baloncesto (9.8), balonmano (14.3), voleibol (6.7), rugby (283), etc. muestran unos niveles mucho más superiores a disciplinas de escalada como la escalada indoor (0.079) (Shöffl & Kuepper, 2006), escalada competitiva (3.1) y escalada tradicional (0.56). (Schöffl et al., 2010).

3. Conclusiones

La escalada es una modalidad deportiva que presenta unas incidencias por número de horas de práctica menor a otros deportes. Dadas sus características, los miembros superiores son las partes del cuerpo más propensas a sufrir cualquier tipo de lesión, sobre todo los dedos de las manos. Las lesiones pueden ser principalmente por dos causas, el sobre entrenamiento y las caídas. Las distintas sub disciplinas de escalada así como la experiencia del deportista tienen una importancia vital en la posibilidad de sufrir algún altercado. Se pueden emplear medios de entrenamiento para reducir considerablemente el riesgo de sufrir cualquier daño y afrontar esta actividad con mayor seguridad.

Título	**El senderismo y sus posibilidades didácticas en educación física.**
Autores	Raquel Vaquero Cristóbal, Antonio Baena Extremera, Antonio Granero Gallegos, José Antonio Sánchez Fuentes, Marina Martínez Molina.
Afiliación	Facultad de Ciencias del Deporte. Universidad de Murcia.
Contacto	abaenaextrem@um.es

RESUMEN

1. Introducción y objetivos

El medio natural tiene un gran potencial educativo en el ámbito escolar (Parra, Domínguez y Caballero, 2008) ya que es un lugar lleno de estímulos para desarrollar a los alumnos en todos sus ámbitos (Cornell, Hadley, Sterling, Chan y Boechler, 2001).

Dentro de las actividades que se pueden realizar en este entorno se encuentra el senderismo, que al ser una práctica deportiva realizada al aire libre nos permite conocer paisajes a los que no estamos acostumbrados en la vida diaria. Además, nos aporta valores de respeto y cuidado al medio ambiente que, en ocasiones, son olvidados por la sociedad.

Por todo esto, lo consideramos como un contenido recomendable para las clases de Educación Física, y nuestro objetivo en el presente trabajo será adaptar el senderismo dentro del ámbito educativo a cualquier edad, nivel y entorno.

2. Metodología

La metodología que se va a utilizar esta basada en dos técnicas de enseñanza. Por un lado, se utilizará la instrucción directa para aquellos contenidos que requieren una mayor técnica y/o mucho tiempo para ser desarrollados, ya que en las clases de Educación Física este factor es escaso; y por otro lado, la técnica de indagación o búsqueda puesto que lo que se pretende es una mayor implicación por parte de los alumnos para fomentar así un aprendizaje significativo. También se utilizarán estilos de enseñanza sociabilizadores, como el debate dirigido y torbellino de ideas. La estrategia en la práctica utilizada será global.

3. Temporalización

Esta Unidad Didáctica está dirigida a alumnos de 1º de Bachillerato, que ya han trabajado en otras unidades didácticas temas relacionados con el medio natural.

Está formada por ocho sesiones en la cuales se desarrollan los siguientes contenidos, que pueden variar en función de las características del alumnado:

- **Sesión 1**: " Montaje de mochilas y equipamiento".
Objetivo: conocer los materiales que deben acompañar a estas actividades y saber cuál es el equipamiento necesario.
- **Sesión 2**: "Iniciación al senderismo".
Objetivo: introducir a los alumnos en esta practica deportiva y aprender las características principales del senderismo (definición, tipos de sendero, cómo caminar...).
- **Sesión 3**: "Conocimiento de mapas".
Objetivo: aprender a elaborar e interpretar los mapas, saber como orientarse y desplazarse por el entorno mediante la utilización de los mismos y conocer el uso de la brújula y los tipos de escalas en un mapa.
- **Sesión 4**: "Gymkhana cultural".
Objetivo: conocer nuevas culturas integrándolas con las actividades en el medio natural.
- **Sesión 5**: "Montaje de tiendas".
Objetivo: aprender a realizar correctamente el montaje de una tienda de campaña.
- **Sesión 6**: "Supervivencia y primeros auxilios".
Objetivo: iniciar al alumno en las actividades de supervivencia y primeros auxilios.

- **Sesión 7**: "Diseño de rutas".
Objetivo: aprender a diseñar, interpretar y realizar rutas.
- **Sesión 8**: "escapada al aire libre"
Objetivo: preparar los elementos a utilizar en la salida y poner en práctica todo lo aprendido a lo largo de la UD.
La mejor época para la puesta en práctica de la Unidad Didáctica sería el tercer trimestre, ya que en esta época del año las condiciones climáticas acompañan positivamente a la realización de este tipo de actividades. Todo esto, nos ayudará a despertar el interés de los alumnos por la práctica del senderismo en horario extraescolar, conociendo las medidas de seguridad, higiene y respeto al medio ambiente que se trabajan a lo largo de toda la Unidad Didáctica.

4. Conclusiones

Hoy nadie duda del potencial educativo de las actividades en el medio natural en (Parra, Domínguez y Caballero, 2008; Parra, Roviera, Ortiz y Pérez, 2000; Santos y Martínez, 2006). Según Cornell, Hadley, Sterling, Chan y Boechler (2001), el medio natural contribuye a la educación integral de los alumnos, ya que favorece la socialización, se crean hábitos saludables, se mejora la capacidad de adaptación a otros entornos no conocidos, se desarrolla la autonomía y la autosuperación, etc.

Por todo esto creemos que es necesario aprovechar al máximo todas las posibilidades que el medio natural nos ofrece y que en la mayoría de los centros no se trabajan lo suficiente. De ahí, nuestra intención de fomentar este tipo de actividades con esta propuesta de unidad didáctica que se caracteriza por ser un buen recurso educativo a desarrollar dentro del bloque de contenidos de actividades en el medio natural.

5. Bibliografía

Cornell, E.H., Hadley, D.C., Sterling, T.M., Chan, M.A., y Boechler, P. (2001). Adventure as a stimulus for cognitive development. Journal of Environmental Psychology, 21, 219-231.

Parra, M., Rovira, C.M.; Ortíz, R. y Pérez, O. (2000). Valores educativos de la a ventura interior. Actas I Congreso Internacional de Educación Física: La Educación Física en el siglo XXI. Jérez. (Cádiz).

Parra, M.; Domínguez, G. y Caballero, P. (2008). El cuaderno de campo: un recurso para dinamizar senderos desde la educación en valores. Agora para la Educación Física y el Deporte, 7-8, 145-158. Obtenido el 21-10-2009 en http://www5.uva.es/agora/revista/7/agora7-8_parra_7.pdf.

Santos, M.L. y Martínez, L.F. (2006). Las actividades en el medio natural en la escuela. Consideraciones para un tratamiento educativo. En Sáez Padilla, J., Sáenz-López Buñuel, P. y Díaz Trillo, M. (Eds), Actividades en el Medio Natural. Huelva: Servicio de Publicaciones de la Universidad de Huelva, 83-96.

Título	**Velada nocturna en el medio natural: propuesta práctica**
Autores	Martínez, M; Vaquero, R; Baena, A; Granero, A; Sánchez Fuentes, J.A.
Afiliación	Universidad Católica de San Antonio (UCAM) y Universidad de Murcia.
Contacto	abaenaextrem@um.es

RESUMEN

1. Introducción y objetivos

La naturaleza ha comenzado a adquirir protagonismo en el estilo de vida actual. Hay un gran deseo de volver a la misma en el tiempo libre, ya que es una forma de encontrarse a sí mismo y disfrutar vivencias nuevas. En este contexto las actividades físicas, deportivas, recreativas y de aventura han sido un vehículo cada vez más utilizado como compensación a la forma de vida urbana (Granero y Baena, 2010). El medio natural ofrece el marco idóneo para el desarrollo de los aspectos psico-sociales y motrices. Una de las actividades que más acogida tienen en el medio natural es la acampada. Esta ofrece la posibilidad de inculcar a los niños una gran cantidad de valores.

Por otra parte el juego permite la adquisición de habilidades y destrezas motrices en combinación con el desarrollo de la personalidad del alumno y aspectos como la capacidad de liderazgo, capacidad para trabajar en equipo, autoestima personal capacidad para afrontar dificultad y retos, etc. (Sáez et al., 2006).

El objetivo del trabajo es presentar una propuesta práctica de una velada nocturna que se podría llevar a cabo dentro de una actividad de acampada basada en juegos.

2. Método

Esta velada nocturna se llevará a cabo en el medio natural. Antes de realizar la práctica se concienciará al alumnado de que deben evitar modificar el lugar así como cuidar las veredas y lugares de acampada.

Dentro de esta velada los participantes deberán realizar actividades relacionadas con diferentes contenidos como acrosport, juegos de cooperación-oposición, de construcción, de concienciación medio-ambiental, etc.

El principal objetivo que se pretende con la realización de la velada es la socialización de los niños mediante diferentes juegos que harán que comprendan la amplitud de actividades que se pueden realizar en un espacio como es el medio natural.

<u>Desarrollo del juego</u>

La velada consiste en un gran juego de la oca. Cada casilla se corresponderá con una prueba a realizar. Alguna de las pruebas a realizar son representar animales; pasar por un puente de mono situado a 1 metro del suelo; adivinar a partir de un trozo de una foto el animal que es; construir un refugio para dos personas; con todos los miembro del equipo en círculo agarrando una cuerda, un miembro del grupo tiene que dar la vuelta entera sin pisar el suelo; realizar la torre más grande posible entre los alumnos; realizar nudos alternativamente sin repetir los ya realizados, decir alternativamente un deporte que se practica en el medio natural; tener que ir a tres balizas señaladas en un mapa de la zona; pasar un puente de mono situado a 0,5 m del suelo de dos formas distintas; indicar tres formas distintas de orientarse en el medio natural sin brújula; saber interpretar en un mapa cinco accidentes geográficos; hallar el norte magnético con una aguja y un recipiente; juego de ataque del castillo; juego de capturar la bandera; etc.

Es una dinámica de cooperación-oposición en la cual los equipos deberán ir retándose para conseguir avanzar en el tablero. El equipo que reta (el que va más atrasado en el tablero) tirará un dado y la casilla a donde vaya su ficha determinará el juego en el que se van a enfrentar. El equipo que gane el reto avanzará una casilla. Las características del juego hacen que no vaya a haber grandes distancias en el tablero entre los grupos, ya que son los grupos que van más atrasados los que más rápido avanzan. De esta forma, se conseguirá mantener la motivación de los participantes hasta el final del juego. El juego finalizará cuando un grupo llegue a la casilla 50.

3. Conclusiones

Esta propuesta se caracteriza por ser adecuada para trabajar en el medio natural, buscando la interacción de los participantes con este ámbito. Además, se trabajan una gran cantidad de contenidos relacionados con el conocimiento del medio natural, la orientación, las construcciones, acrosport, expresión corporal, etc., incluyendo de manera interdisciplinar diferentes áreas de conocimiento.

Es una práctica divertida y distinta a lo habitual, lo que potencia el interés y motivación del alumnado. Los juegos propuestos buscan promover la resolución de diferentes situaciones de manera grupal, fomentando la cooperación y las relaciones interpersonales de los participantes. En esta práctica se buscó un equilibrio entre la técnica y la experiencia dentro de las actividades realizadas ya que es crucial introducir aspectos cognitivos dentro de las actividades para intentar transferir el aprendizaje de los alumnos a sus futuras prácticas de ocio.

Por tanto, lo que se pretende es introducir a los participantes en las actividades en el medio natural, con una dinámica donde lo más importante para un buen aprendizaje es la motivación y el interés, fomentado mediante prácticas divertidas y a la misma vez educativas.

4. Bibliografía

Granero, A. y Baena, A. (2010). La búsqueda de la naturaleza como compensación del nuevo estilo de vida urbano. Journal of Sport and Health Research, 2(1), 17-25.

Sáez, J.; Sáenz-López, P.; Díaz, M. (2006). *Actividades en el medio natural*. Huelva: Universidad de Huelva.

CAPÍTULO 10.
RESUMENES DE COMUNICACIONES
PRESENTADAS EN EL
I CONGRESO INTERNACIONAL DE ACTIVIDAD
FÍSICA EN EL MEDIO NATURAL

(23 y 24 de Marzo del 2012;
Universidad Pablo de Olavide, Sevilla)

Título	**El factor humano en los proyectos de turismo activo. Reflexiones entorno al proyecto transfronterizo "hacer de la frontera un camino hacia la formación"**
Autores	FUNOLLET QUEIXALÓS, Feliu; INGLÉS YUBA, Eduard; GOMILA SERRA, Betlem
Afiliación	**INEFC Barcelona; GISEAFE** (Grupo de Investigación Social y Educativa de la Actividad Física y el Deporte)
Contacto	eduard.ingles@gencat.cat

RESUMEN

El turismo activo suele proponerse como una solución deslumbrante a los problemas de despoblamiento que sufren gran parte de las zonas rurales de nuestras montañas del Pirineo; pero también puede convertirse en un nuevo problema añadido, de no ir acompañado de un proyecto que trate, en profundidad, un desarrollo más sostenible del territorio, que cuide muy especialmente su *factor humano*.

Esta reflexión viene a cuento de un proyecto, que se inició a principios del 2008, con la intención de desarrollar un territorio transfronterizo por medio del turismo activo. Su arranque fue increíble, pero al final se vio frenado por no haber creado un espacio específico donde pudieran elaborarse, eficazmente, las *relaciones humanas* de las personas involucradas.

Como fruto de lo ocurrido hemos aprendido (febrero de 2012), que en el inicio de cualquier empresa humana conviene *clarificar* y *valorar* exhaustivamente su **alcance**, y más si se trata de un *proyecto* de tal envergadura como ***"Hacer de la frontera un camino hacia la formación"***, aprobado por el *Programa operativo de cooperación transfronteriza España, Francia y Andorra* (POCTEFA).

Luego cabe *implicar* a todo el mundo, integrando especialmente a las personas que puedan estar en contra, haciendo **equipo**, hablando de los detalles y explicando sus implicaciones, organizando *sesiones críticas* que analicen las debilidades, las amenazas, las fortalezas y las oportunidades. Y por último, puede resultar muy enriquecedor *enfrentar* a las personas implicadas con su grado de **compromiso** real con el tema: haciéndolas sentir la potencia de los valores que lo mueven, animándolas a que pongan nombre y voz a las cualidades, disponibilidades y aportaciones que puedan realizar, y pidiéndolas que propongan todos aquellos aspectos que crean que puedan mejorarse.

Título	**La formación inicial en el campo de las actividades físicas en el medio natural: la visión del profesorado sobre las empresas de turismo activo**
Autores	Rogelio Macías Sierra
Afiliación	Profesor educación física del I.E.S. Luis Barahona de Soto (Archidona, Málaga)
Contacto	askrim@hotmail.com

RESUMEN

1. Introducción y objetivos

La presente comunicación versa sobre la formación inicial en el campo de las actividades físicas en el medio natural. El potencial del medio natural y urbano para la práctica deportiva es prácticamente ilimitado, solo es cuestión de imaginación. Es imposible desde el alcance de esta aproximación, establecer una red de correlaciones suficientemente completa en la que podamos tener una visión global de todas las afecciones directas e inducidas y las respectivas actividades físico-deportivas. Dentro de la justificación de este trabajo de investigación, partimos en primer lugar del análisis de la realidad. En la actualidad nos encontramos con un sinfín de propuestas a realizar en la naturaleza. El auge vivido en las últimas décadas se ha producido con tanta celeridad que algunos contextos, como el educativo, no han sido capaces de adaptarse a este aluvión de posibilidades (Parra, 2001).

2. Métodos

Para realizar la presente investigación, se utilizó a un Grupo de Discusión que se realizó el día 15 de Octubre de 2010 en el Seminario del Área de Didáctica de la Expresión Musical, Plástica y Corporal de la Universidad de Granada. El debate dio comienzo a las 18.00 horas y finalizó a las 20.00 horas. Participaron 5 profesores universitarios, 3 profesores de E.S.O. (1 mujer y 7 hombres).

3. Resultados

Estas actividades normalmente se desarrollan durante un día, en un entorno natural *"modificado"*, que permite el control de contingencias, a la vez que permite, poder vivenciar la actividad. El profesorado manifiesta que ante diversas problemáticas tales como la falta de formación adecuada del profesorado, dificultades para realizar salidas del centro, Responsabilidad Civil, entre otras, hay muchos centros escolares que han optado por contratar los servicios de las empresas de ocio para dar cumplimiento a los contenidos curriculares de Actividades Físicas en el Medio Natural.

4. Conclusiones

Como conclusiones podemos destacar, entre otras muchas:

El sentido de que el sello didáctico que el profesorado de Educación Física, al realizar estas actividades con su alumnado, es un elemento de calidad adicional que difícilmente puede realizarse a través de terceras personas. En este sentido se incide en la posibilidad de transmitir valores que el profesorado lleva a diario con su alumnado.

Hay que apostar por la formación inicial y permanente del Licenciado para que sea desde el centro, con sus profesores/as los que atiendan de manera mayoritaria la docencia de estos contenidos.

Las empresas deben ser conscientes de cualquier riesgo de las actividades que pueden ofrecer, porque de lo contrario, puede llegar a ser un motivo de destrucción para la propia empresa.

Título	**Estrategias para una mayor adherencia a la práctica de actividades en el medio natural, en personas adultas y mayores.**
Autores	Marta Leyton Román, Héctor Corzo Fajardo, Jesús Morenas Martín, Mª José Pachón Vázquez.
Afiliación	Universidad de Extremadura.
Contacto	martabudy@hotmail.com

RESUMEN

1. Introducción y objetivos

Muchas personas practican en su tiempo libre actividades deportivas en la naturaleza. El gusto por la aventura, la sensación de libertad, poder disfrutar del mar o del campo son algunos de los alicientes de estas prácticas, en todas las edades. A su vez, se hace necesario desarrollar en los practicantes de estas actividades una conciencia y sensibilidad socio-ecológica que ayudaría a reconocer la gran herencia natural que tienen y que sin duda hay que proteger; y por otro lado consideramos muy importante que el monitor/profesor de la actividad siga unas pautas de actuación encaminadas a mejorar la motivación intrínseca de los participantes y con esta la adherencia a la práctica de estas actividades. El objetivo del presente trabajo es proponer una serie de pautas específicas que debe llevar a cabo el monitor en cada sesión, para la mejora de las necesidades psicológicas básicas de autonomía, competencia y relaciones sociales y por tanto mejora de la motivación intrínseca y adherencia a la práctica de actividades en la naturaleza.

2. Propuesta metodológica

Autonomía: el establecimiento de objetivos realistas puede ayudar a prolongar el tiempo de práctica, así como consolidar las intenciones de ser físicamente activos, como muestran algunos estudios.

Competencia: se debe facilitar retroalimentación positiva con el fin de promover las sensaciones de competencia y autoconfianza en el sujeto. Relaciones sociales: hay que fomentar las relaciones sociales entre los participantes a través de la empatía (por ejemplo, seguir el ritmo de un compañero), esfuerzo en la relación (en aquellos juegos o situaciones en las que existen varios participantes y hay manejo de un móvil, éste debe pasar por todos los componentes del grupo), preocupación por los demás (interesarse por el estado del compañero de actividad), fomentar sentimientos de relación con los demás (importancia de realizar actividades de interacción con los otros en gran grupo, como por ejemplo, juegos de presentación o dinámicas de desinhibición), satisfacción con el mundo social, fomentar la cohesión grupal, mantener buena relación con el monitor, implicar a los participantes en la toma conjunta de decisiones, poner ideas en común y resolver problemas conjuntamente.

3. Conclusión

Dentro de las distintas dimensiones de la actividad física (utilitaria, educativa, recreativa, competitiva, salud, etc.), es notable la búsqueda del bienestar físico y emocional por parte del practicante. Ejercitarse físicamente, disfrutar y vivir experiencias reconfortantes, satisfactorias y estimulantes son los principales motivos de práctica físico- deportiva aludidos por la población (García Ferrando, 2006). Por ello, consideramos importante estas propuestas para proporcionar una actividad motivadora que produzca placer en sí misma, el cual debe ser uno de los objetivos más importantes a tener en cuenta por los profesionales responsables.

Título	**Un análisis DAFO sobre las actividades en el meido natural. Estrategias de intervención desde la perspectiva de la educación física.**
Autores	Jesús Sáez Padilla ; Juan Antonio Caballero Alba; Julio Fuentesal García
Afiliación	Universidad de Huelva y Andévalo Aventura SLL
Contacto	jesus.saez@dempc.uhu.es

RESUMEN

1. Introducción y objetivos

Esta comunicación supone una reflexión sobre la situación de las actividades físico-deportivas en el medio natural (A.F.D.M.N.) dentro del contexto de la Educación Física y del Deporte. Después de varias décadas donde aparecen en los currículos de forma específica un bloque de contenido sobre actividades en el medio natural, una vez analizado algunos trabajos de investigación sobre la situación de estos contenidos en diferentes ámbitos y valorando el auge que existen en ámbitos diferentes al educativo, creemos que es el momento de realizar un análisis, que a modo de diagnóstico, nos ofrezca una radiografía de la realidad de las actividades físico-deportivas en el medio natural.

2. Métodos (incluyendo participantes, instrumento/s y procedimiento)

El trabajo realizado con profesores de Enseñanza Secundaria, Profesorado Experto en la Enseñanza de actividades en la naturaleza y alumnado de Máster de Educación Físico-Deportiva de la Universidad de Huelva utilizando el sistema de análisis conocido con las siglas DAFO (Debilidades, Amenazas, Fortalezas y Oportunidades) nos ha permitido tener una visión actualizada sobre la temática de estudio diseñando algunas mejoras como conclusión del trabajo realizado.

3. Resultados (análisis de datos y resultados obtenidos)

D1.- Las A.F.D.M.N. no se desarrollan adecuadamente como parte de las programaciones de Educación Física (E.F.).

D2.- A raíz del limitado horario de las clases de E.F. las A.F.D.M.N. quedan un poco devaluadas.

F1.- Las A.F.D.M.N. favorecen la transversalidad del currículo y el trabajo multidisciplinar.

F2.- La normativa vigente en educación reconoce a las A.F.D.M.N. y le da más importancia en secundaria que en primaria.

A1.- El medio en sí mismo posee sus propias amenazas y además crea una incertidumbre constante (climatología, problemas fronterizos)

A2.- El contenido de E.F. es inexistente en la L.E.A.

O1.- La utilización del tiempo libre y ocio va cada vez más encaminada a las actividades del medio natural.

O2.- El turismo va incluyendo y aprovechando su entorno inmediato para proponer actividades en el medio natural.

4. Conclusiones

Se han diseñado estrategias para minimizar y reorientar los resultados obtenidos en los diferentes apartados del DAFO.

Título	**Enseñanza de actividades en la naturaleza y su relación con el entorno escolar**
Autores	Antonio Baena Extremera, Antonio Granero Gallegos, José Antonio Sánchez Fuentes, José David Ayala Jiménez, Raquel Vaquero Cristóbal, Marina Martínez Molina.
Afiliación	Facultad de Ciencias del Deporte. Universidad de Murcia.
Contacto	abaenaextrem@um.es

RESUMEN

1. Origen de la experiencia

Esta experiencia nace cada lunes, cada primer día de clase de cada semana, a partir de las 8 de la mañana, de manera paralela en muchos centros españoles a la vez. Surge en las aulas, en los gimnasios, en los pasillos y entre los corrillos de la sala de profesores. Y es que como vemos y sabemos, nace y crece la necesidad de seguir ofreciendo y formando al alumnado con respecto a los contenidos de AFMN, ofreciéndole recursos de práctica deportiva en el medio, de ocupación de su tiempo libre, de relación familiar y social con estos deportes.

2. Desarrollo

La propuesta que se ha hecho, se basa en ofertar un gran abanico de contenidos de AFMN y Deportes de Aventura en los cursos de Educación Física de la E.S.O. y Bachillerato, teniendo en cuenta aquellos deportes que más se pueden practicar en las inmediaciones de la localidad, ya que la idea es, "formar para practicar más" durante el tiempo libre y de ocio.

Teniendo presente el potencial de la zona en la que nos situamos (Granada), el Departamento de Educación Física ha diseñado su Programación Didáctica de forma que la selección y distribución de contenidos del bloque de AFMN se distribuya durante los cursos de E.S.O. y Bachillerato a lo largo de las Programaciones de Aula, quedando encuadrada de la siguiente forma:

3. Aportaciones

La experiencia que acabamos de narrar, se lleva realizando desde varios años y durante los mismos, se ha estado preguntando a los alumnos sobre las prácticas deportivas que realizan durante los fines de semana. Los resultados son sorprendentes, porque a pesar de no ser aún adultos, ni padres ni madres, si consiguen tener una gran influencia como hijos dentro de su familia, acercándoles con sus propuestas (y nuestras ideas) a que cada fin de semana, sean más las familias que pasan tiempo en su compañía realizando Actividades Físicas en el Medio Natural.

La experiencia trata de unificar las clases de Educación Física con las prácticas diarias en el tiempo libre y de ocio. Para conseguir ese acercamiento, es imprescindible que los alumnos aparte de obtener los conocimientos necesarios para sus prácticas, sepan donde y cuando realizarlas. Para ello, es necesario suplir esta carencia con informaciones concretas (a través de páginas webs, libros, revistas, apuntes, oficinas de turismo, etc.,) de cada unidad didáctica para facilitarles su práctica que sean capaces de establecer relaciones directas entre el conocimiento aprendido en los centros y la puesta en práctica en la vida real.

Título	**La formación del profesorado de primaria y secundaria en contenidos de actividades en el medio natural**
Autores	Antonio Granero Gallegos, Marina Martínez Molina, Raquel Vaquero Cristóbal, Antonio Baena Extremera, Juan Manuel Serrano Pérez, José Antonio Sánchez Fuentes
Afiliación	Facultad de Ciencias del Deporte. Universidad de Murcia.
Contacto	abaenaextrem@um.es

RESUMEN

1. Introducción y objetivos

La sociedad vuelve su mirada hacia lo natural y como docentes se ha de tener presente esta cuestión y aprovechar las virtudes que ofrece el medio natural, no olvidando que el aire libre constituye un marco privilegiado para la intervención pedagógica con niños y jóvenes, y ser conscientes de los potenciales valores educativos del medio natural. Dada la importancia del trabajo de este tipo de contenidos (a nivel físico, psicológico, emocional, de valores) (Granero-Gallegos y Baena-Extremera, 2007), y la poca literatura existente, nos planteamos como objetivo analizar la formación del profesorado de escuelas e institutos en contenidos de Actividades Física en el Medio Natural (AFMN).

2. Método

La muestra fue de 51 docentes (27 de primaria; 24 de secundaria) de la provincia de Almería, participantes en la actividad de formación permanente organizada por el Centro del Profesorado (CEP) Cuevas-Olula: *Las actividades físico-deportivas en el medio natural como contenido del área de Educación Física*. Se calculó la distribución frecuencias de las variables en función del nivel en el que imparten clase los docentes. Para las diferencias significativas entre el profesorado de primaria y secundaria se utilizó la *T de Student* para muestras independientes; para ello se codificó con 1 la respuesta *"sí"* y con 2 la respuesta *"no"* en cada una de las variables.

3. Resultados

En general, la gran mayoría está formado en contenidos tradicionales de AFMN en escuelas e institutos, como orientación y senderismo. Son más los de primaria quienes se han formado en los contenidos de orientación, bicicleta todo terreno (BTT), rápel y alpinismo. Mientras que son más los de secundaria formados en senderismo, escalada, montañismo, deportes acuáticos, trekking y carrera por montaña, descenso de barrancos, rafting y kayak.

4. Conclusiones

La gran mayoría de los docentes de primaria y secundaria tienen formación en los contenidos tradicionalmente más impartidos y más regulados normativamente: orientación y senderismo. Conclusiones obtenidas también por Granero-Gallegos, Baena-Extremera y Martínez (2010) y García et al. (2008). La mitad de los maestros tiene formación en BTT, así como la mitad de los profesores de secundaria en escalada. Se puede concluir que es necesaria más formación en el resto de contenidos de AFMN, sobre todo para dar respuesta a una sociedad en la que el ocio deportivo en la naturaleza está cada vez más de moda y más diversificado.

Título	**Conocimiento de los espacios naturales y las posibilidades de práctica de actividad física que ofrecen, por parte del alumnado de primaria de la comarca de huéscar (granada).**
Autores	Jaime Ovalle Pérez
Afiliación	Maestro de Educación Física del C.E.P. "San Pascual Bailón"(Pinos Puente – Granada)
Contacto	

RESUMEN

1. Introducción

Desde el punto de vista educativo, el tipo de actividades físicas en el medio natural que se han de promover en la escuela debe ser un contenido más, susceptible de desarrollarse tanto en un ámbito escolar, como extraescolar. El objetivo de nuestra investigación es comprobar si el alumnado de la muestra, conoce los espacios naturales andaluces y los del entorno de la Comarca de Huéscar (Granada) para su disfrute a través de la práctica de actividades físicas al aire libre, diferenciando aquellas que tienen mayor o menor impacto sobre el medio ambiente.

2. Método

Se ha realizado un estudio descriptivo e interpretativo, ya que su objetivo es recoger y analizar información fiable, interpretarla primero y compararla después con otras informaciones, ya existentes, tratando de validarla. La investigación se ha realizado en todos los centros educativos de educación primaria de la Comarca de Huéscar (Granada). El total de participantes en la muestra es de 292 alumnos y alumnas, de los cuales 163 son chicos y 130 son chicas. El número de alumnos/as que estudia 5º curso es de 155 alumnos/as y en 6º curso estudian 137.

Nuestra metodología integra técnicas cuantitativas (cuestionario), y técnicas cualitativas (grupo de discusión y encuestas a padres y madres del alumnado) combinado con una triangulación de los datos y por tanto validar los mismos.

3. Conclusiones

Algunas conclusiones extraídas después del análisis, interpretación y discusión de los datos obtenidos son las siguientes:

- Los padres y madres son conscientes de que junto a la escuela, pueden llevar a cabo la Educación Ambiental de sus hijos e hijas.
- El alumnado, de manera mayoritaria, considera que su familia suele realizar actividades o excursiones en el medio natural, lo que evidentemente es propiciado también por el entorno privilegiado en que viven.
- El profesorado considera que las posibilidades que brinda el entorno son aprovechadas por las familias en la ocupación de un ocio constructivo, que puede mejorar la conciencia ambiental del alumnado.

Título	**Senderismo para personas mayores que viven en comunidad, práctica multidimensional para la prevención de caídas**
Autores	Héctor Corzo Fajardo, Francisco Javier Domínguez Muñoz, Marta Leyton Román, Jesús Morenas Martín.
Afiliación	Universidad de Extremadura y Universidad Pablo de Olavide.
Contacto	chiquinino@hotmail.com

RESUMEN

1. Introducción y objetivos

Las caídas representan uno de los mayores problemas de salud para las personas mayores, ya que entre el 30-35% que vive en la comunidad cae al menos una vez al año. Las caídas son unas de las principales causa de morbilidad y mortalidad en las personas mayores. Se han identificado numerosos factores de riesgo que predisponen a las caídas en la literatura: hay una relación significativa entre las caídas y la edad avanzada, tener un elevado peso corporal y ser mujer correlacionan con un mayor riesgo de caídas. Consideramos que el senderismo puede ser una actividad muy recomendable para esta población ya que además de los múltiples beneficios que aporta a nivel muscular, óseo y cardiovascular, puede contribuir a la prevención de caídas, el objetivo de este trabajo es proponer un programa de actividad física basado en actividades de senderismo en el medio natural para mejorar la condición física general, la calidad de vida y prevenir las caídas en las personas mayores que viven en la comunidad.

2. Propuesta Metodológica

Nuestra propuesta consiste en el establecimiento de un programa de actividad física para personas mayores que viven en la comunidad basados en caminar por senderos. Este programa tendrá las siguientes características:

- Duración del programa: ilimitada, el objetivo es proponer una actividad que perdure en el tiempo, creando hábitos saludables en este colectivo.
- Numero de sesiones semanales: mínimo 3 sesiones por semana asegurándonos de que se producen mejoras en su condición física y disminuye su riesgo de caídas.
- Organización de la sesión: por grupos, alrededor de 30 personas por grupo y monitor. Duración variable en función del grupo y del tipo de sendero.
- Tipo de sendero: se utilizarán en función del nivel inicial y la progresión del programa; Senderos Locales Tipo A (menos de 10 km, señalizados con trazos de color blanco y verde) y Senderos de Pequeño Recorrido.
- Evaluación: imprescindible para establecer el nivel inicial y la organización de grupos; se les aplicará una batería de pruebas de condición física para personas mayores (batería de Rikli & Jones) (18) por su enorme aplicabilidad y los pocos recursos que requiere

3. Conclusiones

La adherencia a un programa de actividad física basado en el senderismo para personas mayores puede ser una manera eficiente, saludable y reconfortante de mejorar su condición física, calidad de vida y disminuir su riesgo de caídas gracias las características propias de la actividad y el componente social que conlleva la práctica en grupo.

Título	Progresión de los contenidos a trabajar en la educación secundaria obligatoria dentro del bloque de actividades en el medio natural
Autores	Raquel Vaquero Cristóbal, Antonio Baena Extremera, Antonio Granero Gallegos, José Antonio Sánchez Fuentes, Marina Martínez Molina.
Afiliación	Facultad de Ciencias del Deporte. Universidad de Murcia.
Contacto	abaenaextrem@um.es

RESUMEN

1. Introducción y objetivos

La materia de Educación Física acompaña al educando en las diferentes etapas organizativas por las que atraviesa, a lo largo de su formación, moldeando sus destrezas, sus capacidades, sus formas de interpretar, comunicar y expresar, tallando su esquema corporal y su conocimiento personal, dotándolo de un bagaje motriz que quedará sellado en el amplio espectro cultural que conformará su vida.

Actualmente, las funciones, finalidades y perspectivas de la Educación Física, como materia educativa, son diversas, profundas y plurales, por cuanto abarca contenidos socialmente necesarios como la salud, la alimentación, la condición física, actividades en el medio natural, la expresión corporal, el deporte, la recreación y el tiempo libre, etc.

En la actualidad el ámbito educativo está regido por la Ley Orgánica 2/2006 de 3 de mayo publicada en el Boletín Oficial del Estado (BOE) número 106 del jueves, 4 de mayo de 2006.

A partir de esta ley el Estado Español aprobó el Real Decreto 1631/2006, de 29 de diciembre, por el que se establecen las enseñanzas mínimas correspondientes a la Educación Secundaria Obligatoria (ESO) y publicado en el número 5 del BOE el viernes, 5 de enero de 2007.

Las actividades en el medio natural tienen un papel principal en el ámbito educativo actual en base al cumplimiento de lo establecido en esta ley. El objetivo del presente trabajo es llevar a cabo una secuenciación justificada, desde el punto de vista teórico, de unidades didácticas recogiendo los contenidos de actividades en el medio natural que se pueden llevar a cabo en la Educación Secundaria.

2. Método

Las UD trabajadas en cada uno de los cursos son:

- *1º ESO:* UD 1-Iniciándonos en el medio natural; UD 2-Trabajamos con cuerdas, piedras y palos.
- *2º ESO:* UD 3-Montamos nuestra casa; UD 4-Pasito a pasito; UD 5-Un día diferente.
- *3º ESO:* UD 6-Nos orientamos con la brújula; UD 7-Practicamos nuevos deportes; UD 8-Dormimos un día al aire libre

4º ESO: UD 9-Nos vamos un fin de semana de campamento

3. Conclusiones

Las AFMN ayudan a la adquisición de dos competencias básicas como son el conocimiento y la interacción con el mundo físico y la competencia social y ciudadana, por tanto, deben cobrar una mayor importancia en el ámbito escolar.

Título	La supervivencia en el aula, una propuesta metodológica
Autores	Marina Martínez Molina, Raquel Vaquero Cristóbal, Antonio Baena Extremera, Antonio Granero Gallegos, José Antonio Sánchez Fuentes
Afiliación	Facultad de Ciencias del Deporte. Universidad de Murcia.
Contacto	abaenaextrem@um.es

RESUMEN

1. Introducción y objetivos

El medio natural tiene un gran potencial educativo en el ámbito escolar (Parra, Domínguez y Caballero, 2008) ya que es un lugar lleno de estímulos para desarrollar a los alumnos en todos sus ámbitos (Cornell, Hadley, Sterling, Chan y Boechler, 2001). Una de las modalidades en auge en relación con las actividades en la naturaleza es la supervivencia. El objetivo del presente trabajo es adaptar la supervivencia en el medio natural al contexto educativo con el fin de proporcionar al alumnado una primera experiencia, hacerlo consciente de las posibilidades que ofrece este medio para su desarrollo personal y concienciarlo sobre valores de respeto y cuidado del medio ambiente.

2. Métodos

La dinámica grupal que se pretende realizar se caracteriza por ser un gran juego de roles. Los alumnos deben ir resolviendo los retos que se les proponen. Cada grupo tiene que buscar una solución y ésta, en función de una serie de criterios cualitativos/cuantitativos y relacionados con el proceso y el resultado, corresponde con una determinada puntuación. Otro de los aspectos que se tienen en cuenta para fomentar la motivación del alumnado hacia la actividad es el uso de incentivos e impedimentos los cuales, condicionan la práctica y permiten que esta tenga un gran grado de incertidumbre. Además, aunque la puntuación obtenida a lo largo de los distintos retos planteados es importante para la realización de la prueba final, ésta no condiciona completamente el resultado final de la práctica, lo cual añade más incertidumbre.

Con todo esto se pretende que el alumno se implique en la actividad desde el principio hasta el fin, fomentando el desarrollo tanto a nivel físico, como cognitivo y conductual. Así sucesivamente hasta llegar al número 10.

3. Conclusiones

Esta propuesta se caracteriza por ser un buen recurso educativo para fomentar la enseñanza de contenidos relacionados con la supervivencia, dentro del bloque de actividades en el medio natural, en la educación física escolar. Además, es una práctica divertida y distinta a lo habitual en educación física, lo que potencia el interés y motivación del alumnado. Es necesario adaptar el nivel a las capacidades de los alumnos para que se vean capaces de realizar las actividades y quieran seguir aprendiendo, siendo siempre un aprendizaje divertido.

Título	Diagnóstico socioambiental de las práticas de aventura em la naturaleza en la ciudad de pirenópolis (Goiás, Brasil)
Autores	INÁCIO, Humberto Luís de Deus; MORAES, Thais Messias;, CAETANO, Ana Cecília Amaral
Afiliación	Universidade Federal de Goiás (Brasil)
Contacto	betoinacio@gmail.com

RESUMEN

1. Introdución

Este trabajo tiene como objetivo presentar las investigaciones llevadas a cabo a partir de agosto de 2009 a abril de 2011, en el proyecto de investigación *"Diagnóstico y propuestas para prácticas del ecoturismo como vector de desarrollo sostenible en el territorio de la ciudad de Pirenópolis"*.

2. Método

Se realizó visitas técnicas, observaciones y entrevistas. Registro de observaciones en Diario de campo; Registro, a través de imágenes, del campo observado; Identificación, adhesión y archivo de documentos, folletos, anuncios y cualquier otro material relacionado con PCAN's en el área de estudio.

Los datos recopilados se registraran después de la transcripción de las entrevistas, la exploración de documentos textuales y la transcripción de las observaciones del diario de campo. Hecho esto, se inició proceso de manejo de datos, identificando en las principales categorías de análisis para la investigación.

3. Resultados

Después de analizar las diferentes fuentes de datos se presentaran los resultados se clasificaron a partir de cinco variables: 1. Político-institucionales; 2. Socio-económicos; 3. Ecológicos; 4. Culturales; 5. Sociedad Civil.

4. Conclusiones

Se identificaron algunos problemas generales que son un obstáculo para el desarrollo territorial sostenible y el turismo en la región:

- La mayoría de las empresas turísticas no tiene personal que hable idiomas extranjeros, incluyendo el Centro de Servicio de Turismo (CAT), donde los asistentes no están capacitados para comunicarse con visitantes de otras partes del mundo.
- Durante la semana, es muy bajo el flujo de turistas. Se considera una ciudad con el "turismo para fines de semanas".
- La mayoría de la población de la ciudad que trabaja con las empresas turísticas no están capacitados para hacerlo.
- La ciudad todavía está inserta en una política 'coronelista', sólo son eficaces cuando hay intereses de los grandes empresarios y políticos.
- Los propietarios de las empresas turísticas no se ven como socios para un desarrollo común, sino como rivales, lo que dificulta el establecimiento y la creación de redes colaborativas.
- El objetivo principal de preservar el medio ambiente, presentes en el discurso de los empresarios y políticos, se asocia con la preservación para obtener solamente beneficios para los mismos.
- Algunos de los políticos responsables de la administración de la ciudad son los dueños del sector turístico y no tienen antecedentes de experiencia profesional en las áreas que les conciernen.

Título	Diseño de un programa de desarrollo positivo a través de la actividad física en el medio natural
Autores	Pablo Caballero Blanco; Miguel Ángel Delgado Noguera
Afiliación	Universidad Pablo de Olavide
Contacto	pcaballero@upo.es

RESUMEN

1. Introducción

Entre las distintas actividades físico-deportivas, las actividades físicas en el medio natural (AFMN) se presentan como un medio privilegiado para el desarrollo positivo de los jóvenes y, más concretamente, para el desarrollo de la responsabilidad personal y social. (Gilbertson, Bates, McLaughlin y Ewert, 2006; Prouty, Panicucci y Collinson, 2007). Sin embargo, el hecho de salir al medio natural, no produce resultados positivos por sí mismo. Tiene que haber una intervención programada para que suceda el efecto formativo (Miguel, 2001; Gómez Encinas, 2008; Santos y Martínez, 2008; Parra, Caballero y Domínguez, 2009). A partir de esta afirmación, surge el objetivo de diseñar un programa de desarrollo positivo a través de actividad física en el medio natural, que pueda dar pautas a los profesores, entrenadores y otros profesionales del deporte sobre como realizar una intervención intencional, sistemática y rigurosa (Escartí y cols., 2005).

2. Corrientes metodológicas que integran el programa

El programa está basado en la estructura del modelo de responsabilidad personal y social de Hellison (2003, 2011). El núcleo central del modelo de responsabilidad reside en considerar que los jóvenes, para ser individuos eficientes en su entorno social, tienen que aprender a ser responsables de sí mismos y de los demás. En este programa los participantes aprenden a desarrollar su responsabilidad personal y social de modo gradual, experimentando, por niveles, comportamientos y actitudes que les ayudarán a convertirse en personas responsables.

También se integrado en el programa la pedagogía de la aventura (Parra, 2001), mediante la incorporación de una serie de estrategias metodológicas específicas que permiten educar "en" y "a través" de las actividades físicas en el medio natural. La pedagogía de la aventura (Parra, 2001; Parra y cols., 2009) es una metodología basada en los principios teóricos del aprendizaje experiencial, que consiste en educar mediante experiencias directas a través de actividades físicas en el medio natural (y/o mediante actividades de reto/aventura), en la naturaleza o en entornos urbanos, con la finalidad de contribuir al proceso de humanización de las personas (tanto del alumno como del educador).

3. Estructura del programa

El programa de intervención diseñado se estructura en: finalidad, niveles de responsabilidad y objetivos, pilares metodológicos, estrategias metodológicas generales, estrategias metodológicas específicas, estructura de la sesión y resolución de conflictos.

www.ingramcontent.com/pod-product-compliance
Lightning Source LLC
Chambersburg PA
CBHW072309210326
41519CB00057B/3099